WARUM SAGT MAN

Der Lehrgang be
jahr.
UND AUCH
Der Lehrgang be

Die Tanne ist ein Nadelbaum.
UND AUCH
Eine Tanne ist ein Nadelbaum.
UND AUCH
(Die) Tannen sind Nadelbäume.

Was wünschst du dir *zum* Geburtstag?
ABER NUR
Was wünschst du dir *zu Weihnachten?*

Die Konferenz nahm *ihren* geplanten Verlauf.
ABER:
Die Konferenz nahm *einen* unerwarteten Verlauf.

Der 1000. Besucher erhält ein Erinnerungsgeschenk.
ABER:
Jeder 1000. Besucher erhält ein Erinnerungsgeschenk.

Hans-J
Lexiko

BOOK LOAN

Please return or renew it no later
than the last date shown below

Hans-Jürgen Grimm

LEXIKON
zum
Artikelgebrauch

VEB Verlag Enzyklopädie Leipzig

Grimm, Hans-Jürgen:
Lexikon zum Artikelgebrauch/Hans-Jürgen Grimm. – 1. Aufl. –
Leipzig: Verlag Enzyklopädie, 1987. – 236 S.
ISBN 3-324-00149-8

ISBN 3-324-00149-8

1. Auflage
© VEB Verlag Enzyklopädie Leipzig, 1987
Verlagslizenz-Nr. 434 130/19/87
Printed in the German Democratic Republic
Gesamtherstellung: INTERDRUCK, Graphischer Großbetrieb
Leipzig, Betrieb der ausgezeichneten Qualitätsarbeit, III/18/97
Einbandgestaltung: Rolf Kunze, Großpösna
Redaktionsschluß: 30. 11. 1985
LSV 0817
Best.-Nr.: 577 954 8
00880

Inhalt

Regeln zur Flexion

Vorwort

Auf den ersten Blick ist der deutsche Artikelgebrauch doch eigentlich eine ziemlich einfache Sache. Sprechen wir vom gestrigen Tag, dann verwenden wir den bestimmten Artikel: *der gestrige Tag*. Es ist ja auch ein ganz bestimmter Tag – eben der Tag gestern mit seinem genauen und einmaligen Datum. Meinen wir hingegen *einen beliebigen Tag*, dann setzen wir den unbestimmten Artikel, denn es ist kein bestimmter Tag mit einem bestimmten Datum, sondern eben ein ganz beliebiger Tag. Aber leider geht es auch mit den kleinen Artikelwörtchen – wie so oft in der Sprache – gar nicht immer sehr geradlinig oder gar „logisch" zu. Vielleicht haben Sie sich auch schon einmal gefragt, ob Sie ein ungelöstes Problem *zu gegebener Zeit* oder lieber *zur gegebenen Zeit* noch einmal überdenken sollten. Haben Sie sich kürzlich einen *Pullover mit einem Rollkragen* oder „bloß" einen *Pullover mit Rollkragen* gekauft? Im Hotel fragen Sie nach einem *Zimmer mit Bad*, kaum aber nach einem *Zimmer mit einem Bad*. Man tut etwas *in Eile*, aber man sagt etwas nur so *im Spaß*. Man kann es auch *aus Spaß* sagen. An der Bedeutung beider Sätze ändert sich kaum etwas, obwohl wir einmal den bestimmten Artikel, das andere Mal aber den Nullartikel verwenden. Jemand hat *seit Oktober* einen neuen Wirkungskreis, also *seit dem Herbst*, keinesfalls *seit Herbst*, durchaus aber *seit vergangenem Herbst* oder *seit dem vergangenen Herbst*. Wenn Sie in solchen oder ähnlichen Fällen zweifeln, ob Sie den bestimmten, den unbestimmten oder den Nullartikel verwenden sollen, dann wird Ihnen dieses Büchlein helfen, die richtige Antwort zu finden.

Zugegeben, meist entscheiden wir Muttersprachler uns ohne großes Nachdenken für den richtigen Artikel. Seit unserer Kindheit haben wir viele Erfahrungen gesammelt, und wir haben ja unser Sprachgefühl. Aber ist es nicht trotzdem reizvoll, einmal darüber nachzudenken, warum wir etwas *mit der Post* schicken oder aber *per Post*? Wir kaufen nicht gern *die Katze im Sack*, lieber machen wir schon mal *aus einer Mücke einen Elefanten.* Warum dürfen wir hier eigentlich nicht die Artikel vertauschen? *Zum Geburtstag* bekommen wir genau wie *zum Weihnachtsfest* Glückwünsche von Verwandten und Freunden. Warum heißt es aber *zu Weihnachten* und *zu Ostern*? Wissen Sie auf all diese Fragen eine Antwort? Wenn Sie sich nicht mit der Feststellung „Das ist eben so" begnügen wollen, dann wird Ihnen unser Büchlein manche interessante Einsicht vermitteln können.

Wer das Deutsche als Fremdsprache lernt oder gar lehrt, wird dieses Büchlein besonders dankbar aufnehmen. Wohl jeder Lehrer des Deutschen als Fremdsprache weiß, welche Schwierigkeiten seine Schüler oder Studenten gerade mit dieser scheinbar so nebensächlichen Wortart Artikel haben. Und gerade der Lehrer wird sich kaum mit der Feststellung zufriedengeben: „Das ist eben so." Er wird versuchen, seinen Lernenden zu erklären, welche Gesetzmäßigkeiten hinter einer konkreten Artikelverwendung stehen. Das dürfte die sicherste und letzten Endes wohl auch die ökonomischste Methode sein, die Lernenden auch in solchen Äußerungen zum korrekten Artikelgebrauch zu befähigen, die sie noch nie zuvor gehört, gelesen oder gar selbst verwendet haben. Unser Büchlein mit seiner Regelfülle und seiner systematischen Darstellung will dem Lehrer wie dem Lernenden, aber auch allen anderen Sprechern des Deutschen als Fremdsprache ein zuverlässiger Ratgeber sein.

Was finden Sie in diesem Buch? Breiten Raum nehmen die Regeln für den Gebrauch des bestimmten, des unbestimmten und des Nullartikels ein. Hier werden die exakten Bedingungen angegeben, unter denen einer dieser Artikel verwendet werden muß oder verwendet werden kann. Es finden sich zahlreiche Hinweise auf die Bedingungen, unter denen zwei (oder alle drei) Artikel problemlos gegeneinander ausgetauscht werden können. Ebenso werden die Bedingungen beschrieben, unter denen anstelle des Artikels auch artikelähnliche Wörter (*dieser, irgendein, jeder, mein* usw.) gebraucht werden dürfen. Selbstverständlich wird auf Grenzen und Übergänge zu anderen Regeln hingewiesen. Jede Regel wird durch zahlreiche Sprachbeispiele illustriert. Das Buch informiert auch über die Flexion der Artikelwörter (*der, des, dem, den* usw.) und über die Flexion der Adjektive nach Artikelwörtern (*der junge Mann, ein junger Mann* usw.). Weiter finden Sie Regeln für die Verschmelzung (Kontraktion) einiger Präpositionen mit dem bestimmten Artikel (*am Montag, beim Essen, im Wasser, zur Zeit*). Schließlich werden wichtige Regeln zur Wort- bzw. Satzgliedstellung gegeben, soweit die Stellungsgesetze mit dem Artikelgebrauch zusammenhängen.

Die praktische Benutzung des Buches wird durch einige Übersichten und Register erleichtert. Hier finden Sie Informationen über die artikelähnlichen Wörter und über synonymische Beziehungen zwischen Artikelwörtern. Das ausführliche Sachregister ermöglicht es Ihnen, rasch eine Antwort auf eine konkrete Einzelfrage zu finden.

Die knappe Literaturauswahl soll den interessierten Leser zu weiterführender und vertiefender Lektüre anregen. Einerseits enthält diese Auswahl solche Titel, die es erlauben, den Gang der Artikelforschung über Jahrzehnte zurückzuverfolgen (Fleischer, Glinz, Heinrichs, Hodler, Vater u. a.). Andererseits haben wir natürlich auch solche Arbeiten in diese Auswahl aufgenommen, denen wir für unsere eigene Beschäftigung mit dem deutschen Artikel wertvolle theoretische und methodologische Anregungen verdanken (Grundzüge, Hayakawa, Krámský, Oomen, Vater u. a.). Schließlich soll die dritte Gruppe von Titeln andeuten, unter welch vielfältigen Aspekten Sprachwissenschaftler Probleme des deutschen Artikelgebrauchs erörtert haben.

Der Autor hat sich bemüht, möglichst vieles von dem, was wir gegenwärtig über den deutschen Artikelgebrauch wissen, in übersichtlicher und verständlicher Form einem breiten Publikum zugänglich zu machen. Dabei wurde Bewährtes aus früheren Darstellungen beibehalten. Oft war es aber auch nötig, nach neuen Lösungen zu suchen oder gar bisher völlig Unbeachtetes in die Überlegungen einzubeziehen.

Verlag und Autor würden sich freuen, wenn das vorliegende kleine Nachschlagewerk zum deutschen Artikelgebrauch möglichst viele Erwartungen erfüllte. Für Hinweise und Anregungen zur Verbesserung des Buches werden Autor und Verlag jederzeit dankbar sein.

Leipzig, im Mai 1985   Hans-Jürgen Grimm

Benutzungshinweise

Die folgenden Benutzungshinweise gelten im wesentlichen für den Hauptteil des Buches – die „Regeln für den Gebrauch des bestimmten, des unbestimmten und des Nullartikels". Die anderen Teile des Buches bedürfen keiner besonderen Kommentierung.

1. Einteilung und Anordnung der Regeln

Die „Regeln für den Gebrauch des bestimmten, des unbestimmten und des Nullartikels" sind in drei Kapitel unterteilt: 1. bestimmter Artikel, 2. unbestimmter Artikel, 3. Nullartikel. Jedes dieser drei Kapitel folgt einem für das gesamte Regelwerk einheitlichen **Gliederungsprinzip:** Jeweils im ersten Abschnitt werden solche Artikelverwendungen dargestellt, die sich aus **außersprachlichen Zusammenhängen** ergeben. Hier spielen sowohl die außersprachliche Realität (z. B. Gegenstände, die in der Welt nur in einem Exemplar vorkommen) als auch die konkreten (örtlichen, zeitlichen, sozialen u. a.) Umstände, unter denen kommuniziert wird, die ausschlaggebende Rolle. Im zweiten Abschnitt folgen diejenigen Artikelverwendungen, die sich aus dem größeren **Textzusammenhang** bzw. aus der **Sorte von Texten** ergeben, in die eine bestimmte Äußerung eingebettet ist (z. B. Erstwerwähnung oder Wiederaufnahme, aber auch der Gebrauch des Nullartikels in bestimmten Textsorten). Im dritten Abschnitt werden jeweils solche Artikelverwendungen erläutert, die aus den **Bedeutungsverhältnissen** im Satz (bzw. auch im größeren Text) resultieren (z. B. Identifizierung oder Nichtidentifizierung, aber auch die verschiedenen Generalisierungstypen). Der vierte Abschnitt bietet die Regeln, die an bestimmte **grammatische Konstruktionen** (Attribute, Adverbialbestimmungen, Funktionsverbgefüge u. a.) gebunden sind. Im fünften Abschnitt folgen schließlich die **lexikali-**

2.   Aufbau der Regeln

Die einzelnen Regeln sind nach einem einheitlichen Prinzip
aufgebaut: Zu Beginn wird die relativ allgemeine **Grundregel** formuliert und durch einige Wort-, Satz- oder Textbei-
spiele illustriert. Sie ermöglicht gleichsam auf einen Blick
eine erste (und für manche Zwecke auch durchaus ausrei-
chende) Information über den wesentlichen Regelinhalt.

Den Beispielen zur Grundregel folgt eine **formalisierte Angabe der wesentlichen Bedingungen,** unter denen die betreffende Regel wirksam wird. Die hier verwendeten Symbole
werden am Ende des Buches (S. 220 ff.) erläutert. Diese stark
verdichtete Darstellungsweise erlaubt es vor allem dem lin-
guistisch vorgebildeten Leser, rasch Gemeinsamkeiten und
Unterschiede zwischen verschiedenen Regeln zu erkennen.
Sie könnte auch bei vergleichenden (konfrontativen) Analy-
sen gute Dienste leisten.

An die Bedingungsformel schließen sich **ausführliche Detailregeln** an, in denen die Bedingungen der Grundregel
möglichst konkret und präzise aufgeschlüsselt und spezifiziert werden. Jede Detailregel wird wiederum durch zahlreiche Sprachbeispiele veranschaulicht.

Im abschließenden Abschnitt **„Beachte"** werden vielfältige
zusätzliche Informationen gegeben. Es werden Sonderfälle
und Schwankungen registriert. Möglichkeiten und Grenzen
synonymischer Ersetzung des betreffenden Artikels durch
einen anderen Artikel oder durch artikelähnliche Wörter
werden erläutert. Nicht zuletzt wird auf benachbarte oder
auf entgegengesetzte Regeln hingewiesen. Wenn derartige
Zusatzinformationen nur für eine Detailregel, nicht aber für
den gesamten Regelkomplex gelten, dann werden sie unmittelbar an die betreffende Detailregel angeschlossen.

3.   Übersichtsregeln

Einige Regeln sind als Übersichtsregeln angelegt (D steht für
den bestimmten Artikel – *der, die, das; die* –, E für den unbestimmten Artikel – *ein, eine, ein* – und N für den Nullarti-

kel): D 8, D 15, D 17, E 3, E 11, N 5, N 10, N 14, N 20, N 23. Sie fassen unter einer (allgemeinen) Grundregel solche (Detail-)Regeln zusammen, die an anderer Stelle und unter einem anderen Gesichtspunkt schon einmal dargestellt worden sind. Die Übersichtsregel D 8 beispielsweise macht die (semantischen) Gemeinsamkeiten zwischen den (außersprachlich-situativen) Regeln D 1 bis D 5, der (kontextuellen) Regel D 7 und der (grammatisch-konstruktionellen) Regel D 13 deutlich. Regel D 15 wiederum faßt aus den Regeln D 1, D 2, D 4, D 11 und D 13 alle Aussagen zusammen, die speziell für Temporalkonstruktionen gelten. Derartige Übersichtsregeln tragen einerseits den wechselseitigen Verflechtungen bestimmter Regeln Rechnung, sie dürften andererseits auch die Orientierung im umfangreichen Regelwerk erleichtern.

4. Verweise

Zahlreiche Verweise auf andere Regeln dienen dem interessierten Leser dazu, sich ein möglichst umfassendes Bild von den oft komplexen und auch komplizierten Zusammenhängen zu machen. Jede Regel erhält als Etikett den Anfangsbuchstaben des jeweiligen Artikels und eine Zahl: D 1, D 2 usw., E 1, E 2 usw., N 1, N 2 usw. Die Detailregeln werden wiederum durch Ziffern, gegebenenfalls auch durch Buchstaben gekennzeichnet. Die Informationen unter „Beachte" werden mit einem ♦ und der entsprechenden Ziffer versehen. Wir geben einige Beispiele:

D 7:   Es wird auf den gesamten Regelkomplex D 7 verwiesen.

D 7.1.:   Es wird auf Detailregel 1 im Regelkomplex D 7 verwiesen.

D 7.2.a.:   Es wird auf Detailregel 2.a. im Regelkomplex D 7 verwiesen.

D 7 ♦ 2:   Es wird auf „Beachte 2." im Regelkomplex D 7 verwiesen.

D 6.1. ♦ 2: Es wird auf „Beachte 2." zur Detailregel 1 im Komplex D 6 verwiesen.

Die Regeln sind nach den in Punkt 1 und 2 beschriebenen Kriterien angeordnet. Sucht der Leser rasch Informationen zu einem ganz konkreten „Fall", dann kann er sich im Sachregister (S. 227ff.) orientieren. Beispielsweise sind unter dem Stichwort **Länder** alle Regeln verzeichnet, in denen der Artikelgebrauch bei Ländernamen dargestellt wird.

6.   Verzeichnisse

Eine Registerfunktion anderer Art haben auch die beiden Verzeichnisse artikelähnlicher Wörter (S. 215ff.) und synonymischer Beziehungen (S. 218f.). Das erste Verzeichnis nennt alle Regeln, in denen ein bestimmtes artikelähnliches Wort in seiner Funktionsweise beschrieben oder zumindest erwähnt wird. Das zweite Verzeichnis registriert die Regeln, in denen Möglichkeiten und Grenzen synonymischer Beziehungen zwischen Artikelwörtern bzw. artikelähnlichen Wörtern beschrieben werden.

Regeln für den Gebrauch des bestimmten, des unbestimmten und des Nullartikels

1. Bestimmter Artikel (= bA)

1.1. Außersprachliche Situation und Gebrauch des bA

> Der bA steht vor Substantiven, die einen Gegenstand bezeichnen, der in der Welt nur einmal (real oder gedacht) existiert.

D 1

Man nennt solche Substantive auch **absolute Unika** (vgl. auch Regel D 17).

> *Die* Erde dreht sich um *die* Sonne. – Das Buch berichtet von einer Expedition *zum* Nordpol.

Unter der Bedingung + IDENT UNIK SIT OBJ steht der bA. Kontraktion mit den entsprechenden Präpositionen ist obligatorisch (vgl. S. 203 ff.). Zu Abweichungen von dieser Regel vgl. besonders E 11 und N 23. Regel D 1 gilt insbesondere für

1. **astronomische** und **geographische Begriffe:**

D 1.1.

> *der* Mars, *die* Venus; *der* Himmel, *der* Äquator, *der* Nordpol; *der* Weltraum, *die* Welt, *die* Stratosphäre, *das* Universum; *die* Arktis, *die* Antarktis; *die* Tundra, *die* gemäßigte Zone; *das* Kap der guten Hoffnung (aber mit NA: Kap Arkona, Kap Horn u. a.)

Der bA steht auch bei entsprechenden Substantiven im Plural:

> *die* Gezeiten, *die* Tropen

Zu Regel D 1.1. gehören insbesondere

D 1

a) die Namen der **Gebirge, Berge, Ozeane, Meere, Meeresteile, Seen** und **Flüsse:**

D 1.1.a.

der Harz, *die* Hohe Tatra, *das* Erzgebirge; *der* Brocken, *die* Schneekoppe, *das* Matterhorn; *der* Atlantik, *der* Stille Ozean, *die* Ostsee, *das* Mittelmeer; *der* Ärmelkanal, *der* Bosporus, *der* Große Belt; *der* Bodensee, *der* Baikal(-see), *der* Genfer See, *der* Stechlin, *der* Lago Maggiore; *der* Rhein, *der* Mississippi, *die* Elbe, *die* Wolga

D 1.1.b.

b) die Namen einiger **Staaten** und innerstaatlicher **Verwaltungseinheiten,** und zwar
alle Feminina:

die Mongolei, *die* Schweiz, *die* Sowjetunion, *die* Tschechoslowakei, *die* Türkei, *die* Ukraine

alle pluralischen Namen:

die Niederlande, *die* USA, *die* Kapverden

alle aus einer Wortgruppe bestehenden Namen und ihre Abkürzungen sowie die mit *-staat* und *-union* u. ä. gebildeten Komposita:

die Union der Sozialistischen Sowjetrepubliken, *die* Volksrepublik Bulgarien, *die* Republik Frankreich, *das* Königreich Schweden; *die* UdSSR; *die* USA; *die* Sowjetunion, *der* Inselstaat

Beachte:
Staatsnamen als Neutra haben immer den NA (vgl. Regel N 23.1.b.). Einige innerstaatliche Verwaltungseinheiten und einige inoffizielle Bildungen auf *-land* haben im Unterschied zu den Staatsnamen auf *-land* den bA:

das Rheinland, *das* Saarland; *das* Schwabenland

D 1.1.c.

c) die Namen einiger **Landschaften, Inseln, Inselgruppen** und **Halbinseln,** und zwar alle Maskulina:

> *der* Balkan, *der* Ferne Osten, *der* Hohe Norden, *der* Darß

alle Feminina:

> *die* Lausitz, *die* Pfalz, *die* Krim, *die* Gobi; *die* Lombardei, *die* Mandschurei, *die* Walachei; *die* Normandie, *die* Bretagne, *die* Champagne, *die* Provence; *die* Riviera, *die* Sahara

einige Neutra:

> *das* Elsaß, *das* Ries, *das* Wallis; *das* Havelland, *das* Rheinland, *das* Vogtland

Beachte:
Viele andere Landschaftsbezeichnungen als Neutra stehen mit dem NA:

> Thüringen, Rügen, Kamtschatka, Alaska, aber: *die* Insel Rügen, *das* nördliche Sibirien (vgl. D 13.3. ♦ 3)

2. die Namen von **Bauwerken:**   D 1.2.

> *der* Dresdner Zwinger, *der* Kölner Dom, *der* Moskauer Kreml, *der* Wiener Prater, *der* Hradschin, *der* Wawel, *die* Semperoper, *die* Wartburg, *die* Chinesische Mauer, *das* Brandenburger Tor, *das* Völkerschlachtdenkmal

Beachte:
1) Nicht-Eigennamen können selbstverständlich auch den uA haben (vgl. E 1 ♦ 2 und E 11.1.):

> In Bratislava gibt es auch *eine* Burg.

2) Namen des Typs *Schloß Pillnitz* oder *Burg Giebichenstein* können den bA oder den NA haben:

> Wir waren *in/im Schloß Pillnitz.*

3. die Namen von **Institutionen:**   D 1.3.

> *der* Weltgewerkschaftsbund, *die* UNO; *das* Bolschoj-Theater, *das* Berliner Ensemble, *das* Gewandhausorchester, *die* Thomaner, *die*

Deutsche Bücherei, *die* Leipziger Messe, *die* Kiewer Universität

Beachte:

1) Hierher kann man auch die Namen bestimmter **Wirtschaftsunternehmen** stellen (vgl. aber N 23.2.b.):

    der Verlag Enzyklopädie, *die* Leunawerke, *die* VOEST-ALPINE AG, *das* Kombinat Mikroelektronik

2) Auch die Namen von **Verkehrsmitteln** haben immer den bA.

    Schiffe sind in der Regel Feminina:

    die „Rostock", *die* „Frieden", *die* „Wilhelm Pieck", *die* „L'Orient", aber: *das* Flaggschiff „L'Orient", *das* MS (= Motorschiff) „Frieden"

    Expreßzüge sind Maskulina:

    der „Elbflorenz", *der* „Saxonia", *der* „Vindobona", *der* „Karlex", *der* „Meistersinger"

D 1.4.

4. die Bezeichnungen für **menschliche Kollektive** in ihrer Gesamtheit:

    die Menschheit, *die* Weltbevölkerung, *die* Bourgeoisie, *die* Christenheit, *die* Intelligenz, *das* Proletariat, *das* Bildungsbürgertum

D 1.5.

5. die Bezeichnungen (Namen) realer oder gedachter **Einzelpersönlichkeiten** bzw. -wesen, insbesondere

D 1.5.a.

a) die Namen von Gestalten der **Literatur** und der **bildenden Kunst:**

    Wer spielt in dieser Saison *den* Faust? – Wer hat *die* Mona Lisa gemalt?

Beachte:

1) Bei Titeln literarischer Werke ist neben dem bA auch der NA möglich (vgl. N 23.3.e.):
    Heute wird *„Egmont"* gespielt.

2) Bei Schauspielerrollen kann unter den ent-

sprechenden Bedingungen der uA gebraucht werden (vgl. E 11.3.):

> Er verkörpert *einen* ausgezeichneten Egmont.

Diese Regel trifft auch auf Titel von Werken der Literatur und der bildenden Kunst zu:

> In X wird in dieser Saison *ein* erstklassiger Egmont gespielt.

b) Namen aus **Religion, Mythologie, Märchen** und **Sagen:** D 1.5.b.

> *der* Herr (= Gott), *der* Erlöser, *der* hl. Franziskus; *der* Teufel; *der* böse Wolf; *der* Weihnachtsmann, *der* Osterhase

Beachte:

Die meisten Namen aus Religion und Mythologie stehen wie „normale" Personennamen mit dem NA (vgl. N 23.3.):

> Gott, Jesus Christus, Mohammed, Petrus; Diana, Donar

Zum Artikelgebrauch bei Herrschernamen vgl. D 6.2. ♦ 4 und D 13.4. ♦ 5.

6. **Abstrakta** in unikaler (auch ganz allgemeiner) Bedeutung. Hierher gehören insbesondere D 1.6.

a) die **substantivierten Infinitive** mit allgemeiner Tätigkeits- oder Vorgangsbedeutung: D 1.6.a.

> Der Arzt hat ihm *das* Rauchen verboten. – Er interessiert sich sehr für *das* Hammerwerfen. – *Zum* Skatspielen benötigt man drei Personen.

Beachte:

Sportarten und Spiele in Verbindung mit den Verben *spielen, trainieren, üben* usw. stehen mit dem NA (vgl. N 14.7.):

> Er spielt gern *Fußball/Schach/Skat.*

b) die Namen historischer und kultureller **Epochen:** D 1.6.b.

> *der* Feudalismus, *der* Sozialismus, *das* Mittel-

alter; *die* Gotik, *die* Renaissance, *das* Barock

c) die Namen der **Weltanschauungen** und **Religionen:**

> *der* Atheismus, *der* Idealismus, *der* Marxismus; *der* Buddhismus, *das* Christentum, *der* Islam

d) die Bezeichnungen historischer **Ereignisse** und **Dokumente:**

> *der* Dreißigjährige Krieg, *der* Turmbau zu Babylon, *die* Völkerschlacht bei Leipzig; *das* Potsdamer Abkommen, *die* Schlußakte von Helsinki, *das* Alte Testament

e) die Bezeichnungen der **Wissenschaften** und wissenschaftlicher Aussagen:

> *die* Astronomie, *die* Botanik, *die* Linguistik, *die* Medizin; *die* Mengenlehre, *die* Weltraumforschung; *das* Gravitationsgesetz, *die* Relativitätstheorie

◆ B e a c h t e :
Studien- und Unterrichtsfächer haben den NA (vgl. N 23.4.c.):

> Er studiert *Medizin*. – Sie hat eine Eins *in* Mathematik.

f) die allgemeinen Bezeichnungen der **Sprachen:**

> *Im* Slowakischen gibt es keinen Artikel. – Sie übersetzt aus *dem* Russischen *ins* Deutsche. – *Das* Deutsche gehört zu den germanischen Sprachen.

◆ B e a c h t e :
Sprachen als Lehr- und Lerngegenstand haben den NA (vgl. D 1.6.e. und N 23.4.b.):

> Er lernt/unterrichtet *Deutsch*. – *In Deutsch* hat sie eine Eins. – Hier spricht/kann/versteht fast jeder *Deutsch*. – Er spricht *Prager Deutsch*.

Unter den entsprechenden Bedingungen kann
auch der uA stehen (vgl. E 8.1.c.):

Er spricht *ein* ausgezeichnetes Französisch.

g) die Namen der meisten **Feiertage:**

der Nationalfeiertag, *der* Tag der Republik,
der Tag des Bauarbeiters, *der* Tag des Lehrers,
der Weltfriedenstag; *der* Heilige Abend, *der*
Karfreitag

Beachte:
Die christlichen Feste und *Silvester, Neujahr* stehen mit dem NA:

Wir feiern *Weihnachten / Silvester / Neujahr /
Ostern* in der Familie.

h) weitere **Abstrakta,** wenn sie ganz **allgemein und
allumfassend** verwendet werden. Ihr Gebrauch
kommt der Generalisierung sehr nahe (vgl. D 9
und D 10):

Der Frieden ist das höchste Gut der Menschheit. – Er trat immer für *die* Gerechtigkeit
ein. – *Die* Jugend ist eine unvergeßliche
Zeit. – *Der* Frühling beginnt im März. – Sie
liebt *die* Musik. – Wie wird dieses Substantiv
im Singular dekliniert?

Beachte:
Viele Abstrakta können aber auch individuali-
siert gebraucht werden. Sie stehen dann mit dem
bA oder dem uA (vgl. z. B. D 15, E 1 ◆ 2,
E 8.1.c.):

Der Lehrgang beginnt *im* (nächsten) Frühjahr. – In diesem Jahr hatten wir *einen* sehr
warmen Frühling.

In anderen Konstruktionen stehen diese Abstrakta mit dem NA (vgl. N 12, N 14, N 17):

Es wird *Frühling.* – Der Lehrgang beginnt
nächstes Frühjahr. – Wissen ist *Macht.* – Sie
demonstrieren *für Frieden und Abrüstung.*

Der bA steht vor Substantiven, die einen Gegenstand bezeichnen, der durch seine objektive Beziehung zu einem anderen Gegenstand (= Korrelatsgegenstand) das Merkmal der Einmaligkeit erhält.

Man nennt solche Substantive auch **relative oder relationale Unika.**

> Berlin ist *die* Hauptstadt der DDR. – Der Verletzte liegt *am* Rand des Spielfeldes. – Gibt es hier in *der* Nähe eine Tankstelle?

Unter der Bedingung + IDENT UNIK SIT OBJ RELAT steht der bA. Kontraktion mit den entsprechenden Präpositionen ist obligatorisch (vgl. S. 203 ff.).
Regel D 2 gilt insbesondere für

D 2.1.
1. die Bezeichnungen **singulärer** (d. h. nur in einem Exemplar vorhandener) **Teile** eines größeren Ganzen, z. B.

D 2.1.a.
a) singuläre **Körperteile:**

> Monika wäscht sich *das* Gesicht. Aber: Peter hat sich *einen* Arm / *den* rechten Arm gebrochen.

Sind alle paarig oder mehrfach vorhandenen Körperteile gemeint, steht der bA im Plural:

> Der Junge wäscht sich *die* Hände. – Monika kämmt sich *die* Haare. – Das Mädchen putzt sich *die* Zähne.

Bei ausdrücklicher Betonung der Totalität kann auch *alle* stehen:

> Er hat *die/alle* Zehen erfroren.

Beachte:
Bei qualifizierenden Attributen steht häufig das Possessivpronomen, vgl.:

> Sie schüttelt *den* Kopf. Aber: Sie schüttelte *ihr* hübsches Köpfchen / *das* hübsche Köpfchen.

b) singuläre **Teile von Gegenständen oder Pflanzen:**

> *Der* Einband des Buches ist stark beschädigt.

So auch: *der* Stamm (eines Baumes), *der* Hauptbahnhof (dieser Stadt), *der* Motor (des Autos), *der* Kragen (dieser Bluse)

B e a c h t e :

1) Der bA steht auch bei entsprechenden Kollektiva:
das Laub (des Baumes), *das* Gefieder (dieses Vogels), *der* Inhalt (des Pakets), *das* Zeug (im Schrank)

2) Der bA im Plural bzw. *alle* steht, wenn alle gleichartigen Teile gemeint sind:
die/alle Blätter (des Baumes), *die/alle* Federn (dieses Vogels), *die/alle* Seiten (des Buches)

3) Unter den entsprechenden Bedingungen steht der uA (vgl. E 1, E 3, E 8):
Da fiel gerade *ein* Blatt vom Baum herab.

c) singuläre **geographische oder administrative Begriffe:**

> *Die* Regierung Österreichs hat ihren Sitz in Wien.

So auch: *die* Bevölkerung (eines Landes), *die* Einwohnerzahl (einer Stadt), *die* Hauptstadt (eines Landes), *die* Küste (eines Meeres), *das* Parlament (eines Landes), *das* Territorium (einer Gemeinde)

B e a c h t e :

Nicht-singuläre Begriffe haben denselben Artikelgebrauch wie andere Gegenstandsbezeichnungen:
Das ist *die* Stadt, die wir gesucht haben. – Das ist aber *eine* schöne Stadt! – An der Aktion haben sich *mehrere/viele/alle/die* Städte des Landes beteiligt.

2. **Abstrakta** in einer singulären (Teil-Ganzes-)Beziehung:

> Das war *der* Hauptgedanke seines Vortrags.

D 2.2.

So auch: *der* Inhalt (eines Buches), *die* Höhe (dieses Berges), *der* Mittelpunkt (eines Kreises), *der* Sinn (seiner Handlung), *die* Deklination (eines Wortes), aber: *Ein* wichtiger Gedanke dieses Vortrags war … (vgl. D 2.1. ♦, E 1, E 3, E 8).

D 2.3.

3. nicht-singuläre Bezeichnungen, die durch **Attribuierung** in eine singuläre Teil-Ganzes-Beziehung treten (vgl. auch D 1.2., D 17.2.):

> *die* Thomaskirche in Leipzig, *der* Moskauer Kreml, *der* Kölner Dom, *die* Prager Burg, *der* Palast der Republik, aber: In Prag gibt es *zahlreiche Paläste* und auch *eine* Nikolaikirche (vgl. E 1, E 11, N 10).

D 3

> Der bA steht vor einem Substantiv im Singular, das einen Gegenstand bezeichnet, der in der konkreten Kommunikationssituation in genau einem Exemplar vorhanden ist und somit vom Hörer/ Leser eindeutig identifiziert werden kann.

Man könnte diese Substantive auch **situative Unika** nennen.

> Gib mir doch bitte mal *die* Zange! – *Das* Telefon ist kaputt. – Der Koffer ist nicht hier (im Wohnzimmer), er steht *im* Schlafzimmer.

Unter der Bedingung + IDENT UNIK SIT KOMMUNIK PRÄSENT steht der bA.

Regel D 3 trifft auch dann zu, wenn in der Kommunikationssituation mehrere durch das betreffende Substantiv bezeichenbare Gegenstände vorhanden sind, die Umstände aber eine eindeutige Identifizierung erlauben:

> Sei vorsichtig, sonst wirfst du *die* Vase um!

Beachte:

1) In hinweisender (= demonstrativer) Bedeutung steht der bA, wenn das Substantiv mehrere in der Kommunikationssituation vorhandene Gegenstände bezeichnen kann, der Sprecher aber die Aufmerksamkeit des Hörers auf einen ganz bestimmten Gegenstand lenken will. Der bA wird dann betont. Kontraktion mit einer Präposition ist ausgeschlossen. Anstelle des bA kann *dieser* oder *jener* stehen:

   Gib mir doch bitte *die/diese* Zange hier!

2) Der unbetonte bA im Plural steht, wenn alle in der Kommunikationssituation vorhandenen Gegenstände, die dieses Substantiv bezeichnet, gemeint sind:

   Zuerst packen wir *die* Bücher ein.

   Anstelle dieses bA kann auch *alle* stehen. Wird die gesamte vorhandene Menge eines Stoffes gemeint, steht der bA im Singular bzw. *alle*, vgl.:

   Gib mir doch bitte mal *die/diese* Milch hier!
   Aber: Gib mir doch bitte mal *die/alle* Milch aus dem Kühlschrank!

3) Wird ein beliebiger von mehreren (real oder potentiell) vorhandenen Gegenständen gemeint, steht der uA (vgl. E 1, E 3, E 8):

   Gib mir doch bitte mal *eine* Zange! – Ist hier in der Nähe *eine* Telefonzelle?

D 4

Der bA steht vor Substantiven, die durch die räumliche bzw. zeitliche Situierung des konkreten Kommunikationsaktes eindeutig identifiziert sind.

D 4

Man könnte diese Substantive auch **lokal bzw. temporal situierte Unika** nennen.

Heute hat sich in *der* Goethestraße ein Verkehrsunfall ereignet. – Diese Arbeit müssen wir bis *zum* Jahresende unbedingt abschließen.

Unter der Bedingung +IDENT SIT KOMMUNIK LOK/TEMP steht der bA. Kontraktion mit den entsprechenden Präpositionen ist obligatorisch (vgl. S. 203 ff.).

Zum Verständnis dieser Regel sei ein Exkurs erlaubt: Die konkrete Bedeutung solcher Adverbien wie *hier, heute, gestern, morgen* können wir nur erfassen, wenn wir wissen, wo bzw. wann der betreffende Satz geäußert worden ist. In gleicher Weise können wir manche Substantive nur identifizieren, wenn wir den Ort bzw. den Zeitpunkt der Kommunikation kennen.

Regel D 4 gilt insbesondere für

D 4.1. 1. **Straßen, Plätze, Gebäude, Institutionen** usw. der Stadt oder der Gemeinde, in der die Kommunikation stattfindet (vgl. auch D 1.2./3., D 2.1.c.):

> Eine Autowerkstatt finden Sie *im* Zentrum / gleich neben *dem* Markt / unmittelbar hinter *dem* Rathaus / in *der* Talstraße / gegenüber *dem* Rat der Stadt.

Hierher gehören auch die Namen der **Hotels, Gaststätten, Theater, Kinos** usw. eines Ortes. Sie sind oft Neutra:

> *das* (Hotel) Berolina, *das* (Hotel) Stadt Leipzig, *das* (Hotel) Astoria, *das* (Restaurant) Budapest, *das* (Café) Kranzler, *das* (Kino) Capitol

Namen mit einem Adjektivattribut oder mit der Präposition *zu* haben das Genus des betreffenden Substantivs:

> *im* Goldenen Anker, *der* Erfurter Hof, in *der* Guten Quelle, im Restaurant „*Zum* Löwen" (auch: *im* Löwen)

Dasselbe gilt für Komposita:

> *der* Lindenhof, *die* Schauburg, *die* Kümmelapotheke, *das* Jägerhaus, *das* Ringcafé

Beachte:

1) Der bA ist nur unter der Bedingung +IDENT

möglich. Der Ausruf *Die Schule brennt!* genügt dieser Bedingung z. B., wenn er a) in der Schule selbst, b) in ihrer unmittelbaren Nähe oder c) in einem Ort mit nur einer Schule ertönt. Wenn die lokale Situierung dieses Merkmal nicht erlaubt (oder möglicherweise nicht erlauben könnte), steht der uA:

> Wo ist hier in der Nähe *ein* Schuhgeschäft/ *ein* Kino/ *eine* Telefonzelle? Aber: Wo ist *der* Hauptbahnhof/ *die* Universität/ *die* Goethestraße? (vgl. E 1.)

2) Wird der Name einer Straße usw. als Vertreter einer Klasse gebraucht, steht der uA (vgl. E 1 ♦ 2, E 11):

> In Leipzig gibt es auch *eine* Goethestraße/ *eine* Nikolaikirche.

3) In bestimmten grammatischen Konstruktionen steht der NA (vgl. N 13.3., N 16, N 24):

> Er wohnt in *der* Bahnhofstraße. Aber: Er wohnt *Bahnhofstraße 8.* – Wir treffen uns auf *dem* Querbahnsteig. Aber: Wir treffen uns *auf Bahnsteig 10.* – Der Bus hält vor *dem* Ostbahnhof. Aber: Der Zug fährt *ab Ostbahnhof.*

4) Vor fremdsprachige Namen setzt man manchmal zur Verdeutlichung das entsprechende Gattungswort. Nach ihm richten sich Genus und Numerus:

> Wir treffen uns an *der Brücke Kamennyj Most/ am Stadttor Moskworezkie Worota.*

2. Gegenstände in der (un)mittelbaren Umgebung der Gesprächspartner (vgl. ausführlich D 3): D 4.2.

> Schalte doch bitte mal *den* Fernseher ein! – Das war ein Junge hier aus *der* Nachbarschaft.

3. Wochentage, Monate und Jahreszeiten (vgl. auch D 15): D 4.3.

> Er hat *am* Montag (= am kommenden Mon-

tag) Geburtstag. – Er hatte *am* Montag (= am vergangenen Montag) Geburtstag. – Er verteidigt seine Dissertation *im* (kommenden) September. – Er hat seine Dissertation *im* (vergangenen) Herbst verteidigt.

Beachte:

1) Wochentage, Monate und Jahreszeiten können auch das Merkmal − IDENT haben. Sie stehen dann mit dem uA (vgl. E 1, E 3, E 8):

   In diesem Jahr hatte sie an *einem* Montag Geburtstag. – Voriges Jahr hatten wir *einen* herrlichen Mai.

2) In bestimmten Konstruktionen steht der NA (vgl. N 17):

   Sie hat *nächsten Montag* Geburtstag.

3) Bei den Wörtern *Tag, Woche, Monat, Jahr* usw. steht unter der Bedingung von Regel D 4 *dieser*:

   Der Lehrgang findet *in dieser* Woche / *diese* Woche statt.

D 4.4.   4. andere Zeitbezeichnungen wie *Gegenwart, Vergangenheit, Zukunft* und Komposita mit *-beginn, -ende* usw.:

   In *der* Gegenwart (= gegenwärtig) gibt es nichts Wichtigeres als die Erhaltung des Friedens. – Er hat bis *zum* Monatsende Urlaub.

Beachte:

Regel D 4 gilt auch, wenn eine räumlich bzw. zeitlich festgelegte Situation Gegenstand der Kommunikation ist, die unter ganz anderen räumlichen bzw. zeitlichen Bedingungen verlaufen kann:

   (Jemand berichtet an einem beliebigen Ort über seinen Aufenthalt in Prag. Er erzählt:)
   ... *Am* Pulverturm sind wir in die Straßenbahn gestiegen und *zum* Nationaltheater gefahren.

Solche Fälle berühren sich mit den Regeln D 1.2./3. und D 5.

Der bA steht vor Substantiven, die von Sprecher und Hörer aufgrund des (vom Sprecher als weitgehend gleich angenommenen) Vorwissens beider eindeutig indentifiziert werden können.

D 5

Man könnte diese Substantive auch **präinformative Unika** nennen. Diese Regel berührt sich mit Regel D 7, unterscheidet sich aber von jener dadurch, daß die Information nicht aus dem sprachlichen Kontext der Äußerung stammt bzw. stammen muß.

> (1) Wie war *die* Reise? – (2) Ist *der* Arzt inzwischen hier gewesen? – (3) *Die* Schulleitung hat den Termin für *das* Sportfest festgelegt.

Unter der Bedingung + IDENT SIT KOMMUNIK PRÄINFORM ÄQU steht der bA.
Die Situationen, in denen ähnliche Sätze geäußert werden, sind unendlich vielfältig. Zur Illustration der Wirkungsweise von Regel D 5 kommentieren wir die drei Beispielsätze:

(1) Herr A richtet seine Frage an Herrn B. Herr A weiß oder vermutet, daß Herr B kürzlich (genau) eine Reise gemacht hat und daß Herr B somit weiß, welche Reise Herr A meint. Andernfalls würde Herr B zurückfragen: „Welche Reise meinen Sie?" oder „Meinen Sie (die Reise nach) Budapest?". Herr A müßte seine Frage entsprechend D 13 präzisieren.

(2) A weiß, daß A oder B oder X einen Arzt bestellt haben. In der Zwischenzeit war A nicht im Zimmer / im Haus. Er nimmt an, daß auch B weiß, daß ein Arzt bestellt worden ist, und daß B in der Zwischenzeit immer im Zimmer / im Haus war und somit die Frage beantworten kann.

(3) Frau A äußert diesen Satz zu Frau B. Sie geht von folgenden Voraussetzungen aus: Die Tochter von Frau A und der Sohn von Frau B besuchen dieselbe Schule. Am Tag vor diesem Gespräch hat Frau B Frau A nach dem Termin für das Sportfest

der Schule ihrer Kinder gefragt. Frau A hatte ihr geantwortet, daß sie es nicht wisse. Die Schulleitung habe wohl noch gar keinen Termin festgelegt.

D 6

> Der bA steht **in bestimmten sozial determinierten Kommunikationssituationen vor Personennamen,** die außerhalb dieser speziellen Situationen den NA haben (vgl. N 23.3.). Mit der Verwendung des bA sind oft emotionale Wertungen verbunden.

> Was sagt denn *der* Peter dazu? – *Die* Müller ist schon wieder verreist. – Bitte nach Ihnen, *der* Herr.

Unter der Bedingung SIT KOMMUNIK SOZIAL steht in einigen Fällen trotz lexikalisiertem NA der bA. Regel D 6 gilt insbesondere für

D 6.1. 1. **Vornamen,** wenn der alltäglich-vertrauliche Umgang mit der benannten Person hervorgehoben werden soll:

> Was sagt denn *die* Monika dazu? – *Der* Peter könnte nun auch bald kommen.

Beachte:
1) Will man seine (völlige) Uninformiertheit hervorheben, steht der uA (vgl. E 11.6.):
   > Da hat jemand nach *einer* Monika gefragt. Ich weiß überhaupt nicht, wer das sein soll.
2) Will man seine (strikte) Distanzierung hervorheben, dann steht *dieser:*
   > Was geht dich eigentlich *diese* Monika an?
3) Regel D 6.1. gilt wahlweise auch für Wörter wie *Mutter, Mutti, Vater, Opa* usw. (vgl. aber N 23.3.d.):
   > *(Der)* Papa kommt doch gleich wieder. – Das hat mir *(die)* Mutti ausdrücklich erlaubt.

2. **Familiennamen,** wenn eine (deutliche) Distanzierung ausgedrückt werden soll:

> Was geht dich denn *der* Meier an? – Das hätte ich von *der* Lehmann nicht gedacht. – Mit *den* Müllers haben wir ständig Ärger.

Beachte:

1) Statt des bA kann auch verstärkend *dieser* stehen:

> Was will denn *dieser* (Herr) Meier nun eigentlich erreichen?

2) Werden Familiennamen als Gattungsnamen gebraucht, steht der bA oder der uA (vgl. D 10.1., E 6 (♦ 2)):

> Hast du schon *im* Duden nachgesehen? – Sie tanzt wie *eine* Ulanowa.

3) Zum Gebrauch von *Herr, Frau, Kollege* usw. vor Familiennamen vgl. N 2.1., N 23.3.c.

4) Keine Distanzierung wird ausgedrückt, wenn der Name (im Plural) ein Herrschergeschlecht oder eine bekannte/berühmte Familie bezeichnet:

> *Die* Ottonen haben so manche Schlacht geschlagen. – *Die* Buddenbrooks waren ein bekanntes Lübecker Kaufmannsgeschlecht.

3. die Wörter *Herr, Dame, Fräulein* in betont höflichen Situationen:

> Was wünscht *die* Dame? – Bitte nach Ihnen, *der* Herr. – Wenn *der* Herr sich hierher bemühen wollen? – *Der* Herr Regierungsrat werden sich kaum mehr an mich erinnern.

Beachte:

In der Anrede steht häufig *mein*:

> Bitte nach Ihnen, *mein* Herr. – *Meine* Dame, was wünschen Sie bitte? – Womit kann ich Ihnen dienen, *meine* Herrschaften? Oder: Womit kann ich *den* Herrschaften dienen?

D 7

D 7

> Der bA steht vor Substantiven, die einen Gegen-
> stand bezeichnen, der **im vorangegangenen
> sprachlichen Kontext** schon einmal **(direkt oder
> indirekt) erwähnt** worden ist.

Ein neu in den Text einzuführender Gegenstand wird
durch ein Substantiv mit dem uA oder dem NA bezeichnet (vgl. E 2, N 3). Im weiteren Textverlauf gilt
dieser einmal eingeführte Gegenstand als + IDENT.
Das etwas Vorerwähntes wiederaufnehmende Substantiv steht mit dem bA. Dabei spielt es keine Rolle, ob
der Gegenstand durch dasselbe Substantiv, durch ein
anderes Substantiv oder auf andere Weise in den Text
eingeführt (ersterwähnt) worden ist. Zu Abweichungen
von dieser Regel vgl. ♦ 2 bis ♦ 7.

Die Verkehrspolizei berichtet
Am vergangenen Montag kam es in der Bahnhofstraße zu *einem schweren Verkehrsunfall.* An
dem Unfall waren *ein Pkw* und *eine Straßenbahn* beteiligt. *Der Fiat* hatte die Vorfahrt *der
Straßenbahn* mißachtet. *Das fast fabrikneue
Auto* wurde stark beschädigt, *der Fahrer* erlitt
mehrere Knochenbrüche.   (Nach einer Zeitungsmeldung)

Tischlein deck dich, Goldesel und Knüppel
aus dem Sack
Vorzeiten war *ein Schneider*, der *drei Söhne*
hatte und nur *eine einzige Ziege.* Aber *die
Ziege* ... mußte ihr gutes Futter haben und
täglich hinaus auf die Weide geführt werden.
Die Söhne taten das auch nach der Reihe. Einmal brachte sie *der Älteste* auf den Kirchhof,
wo die schönsten Kräuter standen, ließ sie da
fressen und herumspringen. Abends, als es
Zeit war heimzugehen, fragte er: „Ziege, bist
du satt?" *Die Ziege* antwortete: „Ich bin so
satt, ich mag kein Blatt: meh! meh!" – „So

komm nach Haus", sprach *der Junge*, faßte sie am Strickchen, führte sie in den Stall und band sie fest. „Nun", sagte *der alte Schneider*, „hat die Ziege ihr gehöriges Futter?" – „Oh", antwortete *der Sohn*, „die ist so satt, die mag kein Blatt." *Der Vater* aber wollte sich selbst überzeugen, ging hinab in den Stall, streichelte *das liebe Tier* und fragte: „Ziege, bist du auch satt?" ... (Nach: Brüder Grimm, Kinder- und Hausmärchen)

Unter der Bedingung + IDENT PRÄKONTEXT steht der bA. Regel D 7 gilt insbesondere,

1. wenn der Gegenstand in Einführung und Wiederaufnahme durch **dasselbe Substantiv** bezeichnet wird:

D 7.1.

> An dem Unfall waren *ein Pkw* und *eine Straßenbahn* beteiligt. *Der Pkw* hatte die Vorfahrt *der Straßenbahn* mißachtet.
> Vorzeiten war *ein Schneider*. ... „Nun", sagte *der alte Schneider*, „hat die Ziege ihr gehöriges Futter?"

Diese Regel gilt auch, wenn das wiederaufnehmende Substantiv erspart wird:

> Es lebte einmal *ein Schneider. Der* hatte drei Söhne.

Statt des substantivisch gebrauchten bA kann auch *dieser* bzw. *jener* stehen. Die Wiederaufnahme des einführenden Substantivs ist selbstverständlich auch durch ein (anderes) Prowort möglich:

> Am Montag kam es zu *einem schweren Verkehrsunfall.* ꞏ*An diesem Unfall/daran* waren zwei Pkw beteiligt.

Voraussetzung für die Wiederaufnahme durch ein Personalpronomen oder ein (anderes) Prowort ist, daß die Beziehung zum einführenden Substantiv deutlich bleibt:

> Es lebte einmal *ein Schneider. Er* hatte drei

Söhne. Aber nicht: [x]„Nun", sagte *der alte Schneider*, „hat die Ziege ihr gehöriges Futter?" – „Oh", antwortete der Sohn, „die ist so satt, sie mag kein Blatt." *Er* aber wollte sich selbst überzeugen ...

D 7.2.   2. wenn der Gegenstand in Einführung und Wiederaufnahme durch zwei **verschiedene Substantive** bezeichnet wird, die aber **in bestimmten Bedeutungsbeziehungen** zueinander stehen. Das trifft insbesondere auf folgende Bedeutungsbeziehungen zu:

D 7.2.a.   a) Synonymie:

Auf dem Tisch lag *ein Foto*. Peter hätte gern erfahren, wer die hübsche junge Frau auf *dem Bild* war.

D 7.2.b.   b) Über- und Unterordnung:

Hierher gehört in erster Linie die Beziehung Hyponym (Art) – Hyperonym (Gattung):

An dem Unfall war *ein Pkw* beteiligt. *Das Auto* wurde stark beschädigt.
Der Schneider hatte *eine Ziege*. ... Er streichelte *das Tier* und fragte ...

Auch die Reihenfolge Hyperonym – Hyponym ist möglich:

An dem Unfall waren *ein Pkw* und eine Straßenbahn beteiligt. *Der Fiat* hatte die Vorfahrt der Straßenbahn mißachtet.

Ähnliches gilt für die Wiederaufnahme eines Eigennamens durch ein Appellativum (einen Gattungsnamen):

An der Ecke traf er *Monika*. *Das Mädchen* schien auf jemanden zu warten.
Er fährt gern nach *Dresden*. *Die Stadt* beeindruckt ihn immer wieder.

Auch die Wiederaufnahme eines Kompositums durch sein Grundwort gehört hierher:

Am Montag kam es zu *einem schweren Verkehrsunfall*. An *dem Unfall* waren zwei Pkw beteiligt.

In einem der Überordnung/Unterordnung nahen Verhältnis stehen auch Substantive, die ein Ganzes bezeichnen, zu solchen, die nur einen (Bestand-)Teil dieses Ganzen benennen:

Auf dem Fensterbrett stand *eine schöne Topfpflanze*. *Die Blüte* leuchtete rot und gelb zwischen *den dunkelgrünen Blättern* hervor.

In einem ähnlichen Verhältnis stehen weiterhin Substantive, die ein Kollektiv bezeichnen, und solche, die einzelne Individuen dieses Kollektivs benennen:

Auf der Wiese standen *viele Kühe*. *Die Herde* graste friedlich vor sich hin.

c) Gegensätzlichkeit (Antonymie): D 7.2.c.

Die Jungen waren auf *eine Anhöhe* geklettert. *In der Tiefe/im Tal* sahen sie ein Dorf.

d) Bedeutungsnähe im weiteren Sinne: D 7.2.d.

Bei dem Unfall wurde *ein Pkw* stark beschädigt. *Der Fahrer* erlitt beträchtliche Verletzungen.

Es war *ein Schneider*, der *drei Söhne* hatte. ... *Der Vater* aber wollte sich selbst überzeugen, ging hinab in den Stall, streichelte das liebe Tier ...

Der Ersatz des bA durch *dieser* bzw. *jener* ist vor allem bei Synonymie, bei Wiederaufnahme eines Eigennamens durch ein Appellativum und eines Kompositums durch sein Grundwort möglich. Unter den gleichen Bedingungen kann statt des wiederaufnehmenden Substativs ein Prowort stehen:

Auf dem Tisch lag *ein Foto*. Peter hätte gern erfahren, wer die hübsche junge Frau *auf diesem Bild/darauf* war.

Wiederaufnehmende Personalpronomina beziehen

sich (auch in Genus und Numerus) immer auf das einführende Substantiv:

> Auf der Wiese standen *viele Kühe*. *Sie* grasten friedlich vor sich hin.

Völlig gesperrt ist der Ersatz durch *dieser/jener* bei der Teil-Ganzes-Relation, bei Gegensätzlichkeit und bei Bedeutungsnähe im sehr weiten Sinne.

3. wenn sich das wiederaufnehmende Substantiv auf ein **Nicht-Substantiv** (meist ein Verb oder ein Adjektiv) bezieht:

> Die gesellschaftlichen Organisationen haben zu einer Gedenkkundgebung *aufgerufen*. *Der Appell* wurde über alle Massenmedien verbreitet.
>
> Der Topf hatte eine *rote* Blüte. *Die Farbe* erinnerte den Jungen an Monikas Kopftuch.

Statt des bA kann auch *dieser/jener* stehen. Wiederaufnahme durch ein Personalpronomen ist nicht möglich.

4. wenn sich das wiederaufnehmende Substantiv auf einen komplex (in einem Satz oder einem Textabschnitt) formulierten **Sachverhalt** bezieht:

> Die Hexe fauchte: *„Die Königstochter soll sich in ihrem fünfzehnten Lebensjahr an einer Spindel stechen und tot umfallen.“* ... Der junge Prinz aber ließ sich von *dem bösen Spruch* der Hexe nicht einschüchtern ...

Statt des bA kann auch *dieser/jener* stehen. Wiederaufnahme durch ein Personalpronomen ist gesperrt, möglich sind Prowörter wie *dadurch, davon* usw.:

> ... Der junge Prinz aber ließ sich *von diesem bösen Spruch* der Hexe/*davon* nicht einschüchtern.

Beachte

1) Die Möglichkeiten einer Kontraktion von Präposition und bA sind unter den Bedingungen der Regel

D 7 sehr stark eingeschränkt. Kontraktionen begegnen bestenfalls bei Identität (= 1.), Synonymie (= 2.a.) und Antonymie (= 2.c.):

> Am Montag ereignete sich ein Unfall zwischen *einem Pkw* und einer Straßenbahn. *Am Pkw/Auto* entstand Sachschaden.
>
> Die Jungen waren auf *eine Anhöhe* geklettert. *Im Tal* sahen sie ein Dorf.

In der Regel wird keine Kontraktion vorgenommen:

> Auf der Wiese graste *eine Ziege*. Der Mann ging *zu dem Tier* (nicht: ˣzum Tier).
>
> *Der Affe* war besonders lebhaft. ... Peter war nicht von der Stelle zu bringen. Er wollte unbedingt eine Aufnahme *von dem Affen* (nicht: ˣvom Affen) machen. (Nach: GRUNDZÜGE 1981.)

2) Der bA steht trotz kontextueller Vorerwähnung des Gegenstandes nicht, wenn das Substantiv zwar über die Merkmale + IDENT UNIK verfügt, aber den lexikalisierten NA hat (vgl. N 23). Das betrifft vor allem Personennamen und geographische Eigennamen:

> *Peter* ist bei allen Mitschülern beliebt. *Der Junge* arbeitet ordentlich, macht aber auch so manche Dummheit mit. *Peter* sagt immer offen seine Meinung.

Regel D 6 wird davon nicht berührt. – Substantive mit den Merkmalen + IDENT UNIK SIT erhalten unabhängig von Ersterwähnung oder Wiederaufnahme immer den bA (vgl. D 1 bis D 5):

> Wenige Minuten nach *dem Gewitter* zeigte sich *die Sonne* wieder *am Himmel*. – Worüber werden wir *am Montag* sprechen? – Können Sie diesen Text *ins Russische* übersetzen? – Haben Sie es schon in *der Talstraße* versucht?

3) Der bA steht nicht bei nur scheinbarer kontextueller Vorerwähnung eines Gegenstandes. In Wirklichkeit bezeichnet dasselbe Substantiv aber verschie-

dene Gegenstände oder verschiedene Mengen von Gegenständen (vgl. auch E 2 ♦ 1). In diesen Fällen steht auch beim „wiederaufnehmenden" Substantiv der uA bzw. der NA:

> Peter: „Wir haben uns jetzt *ein Auto* gekauft."
> Monika: „Wir haben zwar auch *ein Auto*, aber wir benutzen es eigentlich viel zu selten."
> Das Mädchen hatte sich zum Geburtstag *eine Puppe* gewünscht. Als sie dann *eine hübsche, große Puppe* bekommen hatte, spielte sie nur kurze Zeit damit, dann lag die Puppe immer nur in einer Ecke.
> Das verunglückte Flugzeug hatte *98 Personen* an Bord. *14 Menschen* überlebten die Katastrophe. Aber: Wie durch ein Wunder kamen *die* (= alle 98) *Passagiere* mit dem Schrecken davon.

4) Der bA steht trotz kontextueller Vorerwähnung nicht in bestimmten grammatischen Konstruktionen, in denen der NA obligatorisch ist (vgl. N 11 und N 13 bis N 22):

> Auf der Straße weinte *ein Kind*. Es hatte *kalte Hände*. Aber: Es fror an *den Händen* (landschaftlich auch: an *die Hände*). – Auf der Straße weinte ein Kind. Es hatte *mit nackten Händen* Schneebälle gemacht. Aber: Es hatte *mit den Händen* Schneebälle gemacht. (Nach: GRUNDZÜGE 1981.)

5) Die Reihenfolge uA/NA (bei Ersterwähnung) – bA (bei Wiederaufnahme) ist für Substantive in generalisierenden Äußerungen (vgl. D 9 bis D 11, E 4 bis E 7, N 6 bis N 9) nicht bindend. Die Artikelwahl hängt hier ausschließlich vom Generalisierungstyp ab. Ein generalisierender Text, z. B. in einem Lexikon, kann durchaus auch andere Artikelfolgen enthalten:

> FELDMAUS: *Die Feldmaus* gehört zu den Wühlmäusen. ... *Feldmäuse* bewohnen mit Vorliebe große Feldfluren. ... Den Wald besuchen *die Feldmäuse* nur dann, wenn dieser

sehr licht und am Boden mit allerlei niederen
Pflanzen bewachsen ist. *Eine Feldmaus* ist ein
sehr geselliges Tier. ... (Nach: OOMEN
1977)

6) In bestimmten Textsorten werden bA und/oder uA
üblicherweise weggelassen (vgl. N 4). Das trifft
auch zu, wenn das betreffende Substantiv schon
(mehrmals) erwähnt wurde:
Telegramm: *Sitzung* verlegt. *Neuer Termin*
folgt. Bitte *Teilnehmer* aus Weimar verständi-
gen.

7) In der künstlerischen Literatur kann aus stilistischen und anderen Gründen von Regel D 7 abgewichen werden. Beginnt ein Text schon mit dem bA,
dann will der Autor dem Leser möglicherweise ein
Merkmal + IDENT suggerieren, um ihn gleichsam
sofort in eine „bekannte" Situation zu versetzen:
Die Hundeblume   (W. Borchert)
Die Tür ging hinter mir zu. Das hat man wohl
öfter, daß eine Tür hinter einem zugemacht
wird ...

Nachts schlafen die Ratten doch   (W. Borchert)
Das hohle Fenster in *der vereinsamten Mauer*
gähnte blaurot voll früher Abendsonne.
Staubgewölke flimmerte zwischen *den steilge-
reckten Schornsteinresten.* Die Schuttwüste dö-
ste ...

8) Wenn das Substantiv eine bestimmte Vielzahl oder
eine bestimmte Menge bezeichnet, kann der bA
auch durch *alle(s)* ersetzt werden:
Im Zimmer lagen unerwartet *viele Bücher.* Peter erschrak. Er würde mehrere Tage brauchen, um *die/alle Bücher* sorgfältig einzupak-
ken. – Neulich hatte sie ihm *Geld* geliehen.
Wenige Tage später bat er sie erneut um
Hilfe. Er hatte *das/alles Geld* schon wieder
ausgegeben.

Soll das wiederaufnehmende Substantiv jedes ein-

zelne Individuum einer bestimmten Vielzahl bezeichnen, dann steht *jeder* (+ Singular):

> Im Zimmer lagen unerwartet *viele Bücher*. Pe-
> ter erschrak. Er würde mehrere Tage brau-
> chen, um *jedes Buch* sorgfältig einzupacken.

Bei Teil-Ganzes-Beziehungen kann statt des bA
auch ein Possessivpronomen stehen:

> Monika mußte über *einen Mann* am Nachbar-
> tisch lachen. *Die/seine Arme* erschienen ihr
> viel zu lang.

Wenn die entsprechenden Bedingungen (siehe
oben) erfüllt sind, können in demselben Kontext
mehrere artikelähnliche Wörter mit dem bA kon-
kurrieren, z. B.:

> Wir hatten lange auf eine Nachricht von ihm
> *gewartet*. Aber leider war *das/alles/all das/all
> dieses/unser/all unser Warten* vergebens.

9) Zum Gebrauch des uA unter der zu D 7 kontrastie-
renden Bedingung − IDENT PRÄKONTEXT vergleiche besonders E 2. Zum Gebrauch des NA vergleiche N 3.

1.3. Bedeutungsverhältnisse im Satz/Text und Gebrauch des bA

D 8

> Der bA steht vor Substantiven, die aufgrund ihrer
> lexikalischen Bedeutung (z. B. absolute Unika;
> vgl. D 1) oder aufgrund ihrer aktuellen Bedeutung
> in der konkreten Äußerung/im konkreten Satz
> (z. B. relationale, situative, lokal/temporal situierte
> oder präinformative Unika; vgl. D 2 bis D 5) oder
> aufgrund eines identifizierenden Attributs (vgl.
> D 13) oder aufgrund ihrer Position im größeren
> Textzusammenhang (d. h. bei Wiederaufnahme;
> vgl. D 7) von Sprecher/Schreiber und Hörer/Leser
> in derselben Weise **identifiziert** werden (sollen).

> *Die* Erde dreht sich um *die* Sonne. − Wien ist
> *die* Hauptstadt Österreichs. − *Der* Briefträger

hat gerade *die* Zeitung gebracht. – *Am* Montag hat sich in *der* Bahnhofstraße ein Unfall ereignet. – Wie hat Ihnen *der* Film gefallen? – Goethe war *der* bedeutendste Dichter *der* deutschen Klassik. – In der Ecke saß Monika. Peter hatte *das* Mädchen sofort bemerkt.

Unter der Bedingung + IDENT steht prinzipiell der bA. Da das Merkmal + IDENT Resultat sehr unterschiedlicher Bedingungen sein kann, stellen wir seine Konsequenzen für den Gebrauch des bA auch in verschiedenen Regeln ausführlich dar (vgl. D 1 bis D 5, D 7 und D 13). In Regel D 8 geben wir eine kurze zusammenfassende **Übersicht.**
Der bA steht aufgrund des Merkmals + IDENT insbesondere dann,

1. wenn ein Gegenstand bezeichnet wird, der **in der Welt nur einmal** (real oder gedacht) existiert (= absolutes Unikum; vgl. D 1):

D 8.1.

> Der Autor berichtet von einer Expedition in *die* Arktis. – Peter war im Urlaub in *der* Sowjetunion, Monika war in *der* Hohen Tatra. – *Die* Menschheit braucht nichts nötiger als *den* Frieden. – Dieses Bauwerk stammt aus *der* Gotik. – Er hat ein Lehrbuch *der* Astronomie *ins* Deutsche übersetzt.

2. wenn ein Gegenstand bezeichnet wird, der durch seine **objektive Beziehung zu einem anderen Gegenstand** das Merkmal + IDENT erhält (= relatives/relationales Unikum; vgl. D 2):

D 8.2.

> Monika wäscht sich *das* Gesicht. – *Der* Einband des Buches ist stark beschädigt. – *Die* Regierung der Schweiz hat ihren Sitz in Bern. – Wie lautet *der* Genitiv von Haus?

3. wenn ein Gegenstand bezeichnet wird, der **in der konkreten Kommunikationssituation in genau**

D 8.3.

einem Exemplar vorhanden ist (= situatives Unikum; vgl. D 3):

> Schalte doch bitte mal *den* Fernseher ein! –
> Schließt bitte *die* Tür!

D 8.4.   4. wenn ein Gegenstand bezeichnet wird, der durch die **lokale bzw. temporale Situierung des Kommunikationsaktes bzw. des Kommunikationsgegenstandes** das Merkmal + IDENT erhält (= lokal bzw. temporal situiertes Unikum; vgl. D 4):

> *Am* Montag (d. h. der laufenden Woche) hat sich in *der* Goethestraße (d. h. der Stadt, in der oder über die kommuniziert wird) ein Verkehrsunfall ereignet. – Das war ein Junge aus *der* Nachbarschaft. – Peter hat bis *zum* Monatsende Urlaub.

D 8.5.   5. wenn ein Gegenstand bezeichnet wird, der aufgrund des **Vorwissens** von Sprecher/Schreiber und Hörer/Leser in derselben Weise identifiziert wird bzw. werden soll (= präinformatives Unikum; vgl. D 5):

> Schönen guten Tag, Herr Meier, wie war denn *die* Reise? – *Die* Schulleitung hat den Termin für *das* Sportfest festgelegt.

D 8.6.   6. wenn ein Gegenstand bezeichnet wird, der durch ein **Attribut** oder einen Nebensatz das Merkmal + IDENT erhält (= konstruktionelles Unikum; vgl. D 13):

> Das war *der* schönste Tag seines Lebens. – Jetzt raucht Peter schon *die* zehnte Zigarette an diesem Abend. – Monika wird sich noch lange an *den* gestrigen Abend erinnern. – Hast du denn überhaupt *den* richtigen Schlüssel für dieses Schloß? – Dort kommt ja *der* Mann, von dem wir gerade gesprochen haben.

7. wenn ein Gegenstand bezeichnet wird, der im **vorangegangenen sprachlichen Kontext** schon (einmal oder mehrmals, direkt oder indirekt) durch dasselbe Substantiv, ein anderes (bedeutungsgleiches oder -nahes) Substantiv oder auf andere Weise **erwähnt** worden ist und nun (d.h. bei seiner **Wiederaufnahme**) als + IDENT gilt (= kontextuelles Unikum, vgl. D 7):

> Am vergangenen Montag kam es in der Bahnhofstraße zu einem schweren Verkehrsunfall. An *dem* Unfall waren ein Pkw und eine Straßenbahn beteiligt. *Der* Fiat hatte die Vorfahrt *der* Straßenbahn mißachtet. *Das* fast fabrikneue Auto wurde stark beschädigt. *Der* Fahrer erlitt mehrere Knochenbrüche.

Beachte:

1) Regel D 8 gilt in derselben Weise für Substantive im Plural mit dem Merkmal + IDENT. Sie bezeichnen entweder einen einzigen Gegenstand (Pluraletantum) oder eine bestimmte (gesamte) Menge von gleichartigen Gegenständen:

> Peter verbringt seinen Urlaub in *den* Schweizer Alpen. Im vorigen Jahr war er auf *den* Kanarischen Inseln. – *Die* (= alle) Seiten des Buches waren beschädigt. – Am Sonntag sind *die* (= alle) Warenhäuser wie werktags geöffnet. – Nun, Herr Meier, wie geht es *den* (= z.B. Ihren) jungen Leuten? – Das waren seit langem *die* schönsten Ferien. – Am Montag kam es zu einem schweren Verkehrsunfall. *Die* (= alle) beteiligten Fahrzeuge wurden stark beschädigt.

2) Die ausführlichen Regeln werden unter D 1 bis D 5, D 7 und D 13 dargestellt. Dort finden sich auch wichtige Teilregeln sowie Hinweise auf Abweichungen von diesen Regeln, Bedingungen für die Kontraktion von Präposition und bA und Bedingungen für den Ersatz des bA durch artikelähnliche Wörter.

D 9

D 9

Der bA kann vor einem Substantiv in einer generalisierenden Äußerung stehen, wenn das Substantiv zugleich die Gesamtheit aller durch dieses
Substantiv bezeichenbaren Gegenstände und jeden
einzelnen Gegenstand dieser Gesamtheit benennt.

Man nennt solche Generalisierungen **effektiv-distributive Generalisierungen.** Pluralfähige Substantive stehen wahlweise im Singular oder im Plural.

> *Die* Tanne ist ein Nadelbaum. Oder: *Die* Tan-
> nen sind Nadelbäume. – *Der* Mensch ist
> sterblich. Oder: *Die* Menschen sind sterb-
> lich. – *Das* Auto ist ein beliebtes Verkehrs-
> mittel. Oder: *Die* Autos sind beliebte Ver-
> kehrsmittel.

Nichtpluralfähige Substantive erscheinen selbstverständlich auch in Generalisierungen nur im Singular.
Das betrifft insbesondere Stoffbezeichnungen und Abstrakta.

> *Das* Salz ist ein Ablagerungsprodukt. – *Das*
> Eisen ist ein Metall. – *Der* Frieden ist das
> höchste Gut der Menschheit.

Unter der Bedingung GENER EFF.-DISTRIB kann
der bA stehen. Bei pluralfähigen Substantiven kann
ohne wesentlichen Bedeutungsunterschied (vgl. aber
♦ 1) auch der uA (+ Singular), der NA (+ Plural), *jeder* (+ Singular) und *alle* (+ Plural) stehen.

> *Eine* Tanne ist ein Nadelbaum. Oder: *Tannen*
> sind Nadelbäume. Oder: *Jede* Tanne ist ein
> Nadelbaum. Oder: *Alle* Tannen sind Nadel-
> bäume.

Es ergibt sich also folgende **Wahlmöglichkeit:**

> *Der/ein/jeder* Mensch braucht täglich sieben
> Stunden Schlaf. Oder: *(Die/alle)* Menschen
> brauchen täglich sieben Stunden Schlaf.

Bei nichtpluralfähigen Substantiven kann der bA nur
durch den NA (vor allem bei Stoffbezeichnungen gele-
gentlich auch durch *jeder*) ersetzt werden.

(Das) Salz ist ein Ablagerungsprodukt. – *(Das)* Eisen ist ein Metall. – *(Der)* Frieden ist das höchste Gut der Menschheit.

Beachte:

1) Mit der Entscheidung für den bA, den uA, den NA oder für *jeder* bzw. *alle* kann der Sprecher/Schreiber bestimmte Merkmale der effektiv-distributiven Bedeutung hervorheben. Am uneingeschränktesten wird die effektiv-distributive Bedeutung durch *jeder* wiedergegeben:

   Jede Tanne ist ein Nadelbaum.

   Der bA (+ Plural) und *alle* heben die Gesamtheit/ Totalität der Gegenstände hervor:

   Die/alle Tannen sind Nadelbäume.

   Der uA (+ Singular) und der NA (+ Plural) rücken die Bedeutung in die Nähe der exemplarischen Generalisierungen (vgl. E 5, N 7):

   Eine Tanne ist ein Nadelbaum. Oder: *Tannen* sind Nadelbäume.

   Der bA (+ Singular) rückt die Bedeutung in die Nähe der typisierenden Generalisierungen (vgl. D 10):

   Die Tanne ist ein Nadelbaum.

2) Da Generalisierungen universale und allgemeingültige Aussagen sind, kann der Artikel nicht durch *dieser/jener* oder *mein* usw. ersetzt werden. Sätze mit diesen artikelähnlichen Wörtern beziehen sich immer auf einzelne Gegenstände mit den Merkmalen + IDENT + INDIVID (vgl. besonders D 8):

   Diese Tanne (hier) ist ein besonders schönes Exemplar. – *Meine* Tanne ist etwas größer als deine.

3) Generalisierungen dieser Art begegnen vor allem in belehrenden Texten, z. B. in Lehrbüchern oder in Lexika. Für die Artikelwahl gelten ausschließlich die hier angegebenen Regeln. Die Artikelwahl wird nicht von der Ersterwähnung oder der Wiederaufnahme im Text beeinflußt (vgl. D 7 ♦ 5):

   Die Feldmaus gehört zu den Wühlmäusen. ...

Feldmäuse bewohnen mit Vorliebe große Feld-
fluren. ... Den Wald besuchen *die* Feldmäuse
nur dann, wenn dieser sehr licht und am Boden mit allerlei niederen Pflanzen bewachsen
ist. *Eine* Feldmaus ist ein sehr geselliges
Tier ... (Nach: OOMEN 1977.)

4) Werden zwei Substantive durch *und* miteinander
verbunden, können sie auch mit dem NA (+ Singular) verwendet werden (vgl. N 12):

> *(Der/ein)* Hund und *(die/eine)* Katze sind
> Haustiere.

5) In manchen Konstruktionen wird trotz effektiv-dis-
tributiver Generalisierung ein Artikel bevorzugt. So
steht in Fragen mit *was ist* in der Regel der uA:

> Was ist *ein* Bunsenbrenner?

Die Antwort auf eine solche Frage bevorzugt ebenfalls den uA:

> *Ein* Bunsenbrenner ist ein Gasgerät, das
> man .... Oder: Unter *einem* Bunsenbrenner
> versteht man ein Gasgerät, das man ....

In anderen Konstruktionen wird der NA verwendet
(vgl. auch E 4 ♦ 2, N 6 ♦ 1):

> *Bunsenbrenner* heißt ein Gasgerät, das man ....
> Oder: *Bunsenbrenner* nennt man ein Gasgerät,
> das man .... Oder: *Als Bunsenbrenner* bezeich-
> net man ein Gasgerät, das man ....

6) Kommen in Generalisierungen Unika vor, dann
stehen sie nur mit dem bA (vgl. D 1) bzw. mit dem
lexikalisierten NA (vgl. N 23):

> *Die* Erde dreht sich um *die* Sonne. – *Wien* ist
> die Hauptstadt *Österreichs.*

D 10

> Der bA steht vor einem Substantiv in einer
> generalisierenden Äußerung, wenn das Substantiv
> die Gesamtheit der von ihm bezeichenbaren
> Gegenstände als Typ benennt und sich nicht auf
> alle einzelnen Gegenstände dieses Typs beziehen
> läßt.

Man nennt solche Generalisierungen **typisierende Ge-** Die Substantive stehen im Singular.

> Bell hat *das* Telefon erfunden. – *Die* Penny black war *die* erste Briefmarke der Welt. – *Die* Galle ist ein Speicherorgan. – *Der* Sommer ist eine schöne Jahreszeit. – Man soll *den* Tag nicht vor *dem* Abend loben.

Bezeichnungen von Menschen, Tieren und Pflanzen können auch im Plural stehen:

> *Der* Mensch hat sich vor Jahrtausenden die ersten Werkzeuge geschaffen. Oder: *Die* Menschen haben sich vor Jahrtausenden die ersten Werkzeuge geschaffen. – *Der* Wal ist das größte Säugetier der Erde. Oder: *Die* Wale sind die größten Säugetiere der Erde.

Unter der Bedingung GENER TYP steht der bA. Ein Ersatz durch den uA, den NA, *jeder* oder *alle* ist nicht möglich. Ebenso ist ein Ersatz des bA durch *dieser/jener* oder *mein* usw. ausgeschlossen (vgl. D 9 ♦ 2). Typisierende Generalisierungen begegnen außer in belehrenden Texten (vgl. D 9 ♦ 3) vor allem

1. in Äußerungen mit Markennamen: D 10.1.

> *Die* Havanna ist eine gute Zigarre. – *Der* Camembert ist ein schmackhafter Käse. – *Der* Škoda ist ein beliebter Mittelklassewagen. – *Der* Duden ist ein zuverlässiges Nachschlagewerk.

2. in Sprichwörtern: D 10.2.

> *Der* Apfel fällt nicht weit vom Stamm. – *Dem* Pferde den Hafer, *dem* Esel das Stroh. – *Die* Ausnahme bestätigt *die* Regel.

3. in phraseologischen Wendungen: D 10.3.

> *die* Katze *im* Sack kaufen, *den* Stier bei den Hörnern packen, gegen *den* Strom schwimmen

4. in Namen von Gedenktagen u. ä.:

D 10

>der Tag *des* Kindes, der Tag *des* Lehrers, das Jahr *der* Frau

D 10.4.
D 10.5.

5. bei übertragen gebrauchten Eigennamen (vgl. auch unter 1.):

>Napoleon wird auch als *der* Cäsar der Neuzeit bezeichnet. – Bayreuth ist *das* Mekka der Wagnerfreunde. – Leningrad gilt als *das* Venedig des Nordens.

D 10.6.

6. in klischeehaften Äußerungen, insbesondere über Angehörige bestimmter Völker:

>*Der* Italiener liebt die Musik. – *Die* Schwedin ist hübsch.

Dasselbe gilt auch für Spott- bzw. Schimpfnamen bestimmter Völker:

>*der* deutsche Michel, *der* Fritz, *der* Tommy

Beachte:

1) Der Artikelgebrauch in phraseologischen Wendungen und Sprichwörtern ist lexikalisiert, d. h. mit der Wendung usw. ist in der Regel auch der Artikel fest vorgegeben und kann vom Sprecher/Schreiber nicht verändert werden (vgl. dazu ausführlich D 18, E 12, N 25).

2) Markennamen werden wie Appellativa behandelt. Sie können in nichttypisierenden Äußerungen folglich auch den uA oder den NA haben:

>Er brannte sich gerade *eine* dicke Havanna an. – Hast du auch *Camembert* mitgebracht?

3) In klischeehaften Äußerungen kann neben dem bA auch der uA stehen. Es handelt sich dann um eine exemplarische Generalisierung (vgl. E 5):

>*Dem/einem* Italiener liegt die Musik im Blut.

4) Zu Ersterwähnung und Wiederaufnahme vgl. D 9 ♦ 3.

Der bA steht in nichtgeneralisierenden Äußerungen vor einem Substantiv, das keinen konkreten und individuellen Gegenstand bezeichnet, sondern sich – ähnlich wie in typisierend-generalisierenden Äußerungen (vgl. D 10) – nur auf den vom Substantiv repräsentierten Gegenstandstyp bezieht.

Man könnte in Anlehnung an D 10 auch von **partieller Typisierung** sprechen. Die Substantive stehen immer im Singular (vgl. aber ♦ 4).

> Peter geht gern *ins* Kino. – Monika geht lieber *ins* Theater. – Dieter ist heute mit *dem* Zug gekommen. – Diese Meldung habe ich nicht *im* Radio gehört, sie stand in *der* Zeitung. – Hans fährt *im* Winter nicht mit seinem Auto. – Monika stammt *vom* Lande.

Unter der Bedingung TYP PART steht der bA. Ein Ersatz durch andere Artikelwörter ist nicht möglich. Kontraktion von Präposition und bA ist üblich.
Regel D 11 gilt insbesondere für

1. Bezeichnungen von **Institutionen** (bzw. als Institutionen aufgefaßten Personen oder Kollektiven) und **Veranstaltungen:**   D 11.1.

> Peter kommt nächstes Jahr in *die* Schule. – Nach dem Studium will Monika *zum* Film gehen. – Du solltest schnell *zum* Arzt gehen. – Monika geht jeden Sonntag in *die* Disko.

Ähnlich auch: *ins* Theater / Konzert gehen, in *die* Schule / Kirche / Oper gehen, bei *der* Bahn / Post / Zeitung arbeiten, *die* Oberschule / *das* Gymnasium / *die* Universität besuchen

2. Bezeichnungen von **Örtlichkeiten:**   D 11.2.

> Peter fährt im Urlaub gern *aufs* Land, Monika lieber an *die* See. – Sonntags geht er gern auf *den* Sportplatz. – Sie geht gewöhnlich erst um Mitternacht *ins* Bett.

D 11

D 11.3.

3. Bezeichnungen von Verkehrsmitteln:

> Fahren wir mit *der* Straßenbahn oder lieber mit *dem* Taxi? – Früher kam er immer mit *dem* Bus, jetzt fährt er lieber mit *dem* Rad.

D 11.4.

4. Bezeichnungen von Werkzeugen u. ä.:

> Das Kleid darf man nicht in *der* Waschmaschine waschen. – Schreibst du das mit *der* Maschine oder mit *der* Hand? – Sie sollten den Hund lieber an *die* Kette legen.

D 11.5.

5. Bezeichnungen von Druckerzeugnissen und anderen Medien:

> Ich habe das irgendwo in *der* Zeitung gelesen. – Hast du das *im* Radio gehört?

D 11.6.

6. Zeitangaben:

> *Die* Woche über arbeitet er in Leipzig, *am* Wochenende fährt er nach Hause. – In *der* Nacht ist der Patient sehr unruhig, *am* Tage fühlt er sich wohler. – Die Uhr geht auf *die* Minute genau.

D 11.7.

7. Verbalabstrakta (besonders mit finaler Bedeutung):

> Er geht gern auf *die* Jagd. – Montags geht er immer *zum* Training.

D 11.8.

8. Bezeichnungen menschlicher Typen/Charaktere:

> Spiele nicht immer *den* Dummen / Unschuldsengel! – Er streicht eben gern *den* Chef heraus. – Er markiert schon wieder *den* wilden Mann.

Beachte:

1) Partielle Typisierungen sind oft an bestimmte Wortgruppen gebunden. In anderen Wortgruppen können durchaus auch andere Artikel stehen, insbesondere der lexikalisierte NA:

in *die* Ferien fahren, aber: *auf Urlaub* fahren –
etw. mit *der* Post schicken, aber: etw. *per Post*
schicken – *ins* Bett gehen, aber: *zu Bett* gehen

Manchmal sind in derselben Wortgruppe auch zwei
Artikel ohne Bedeutungsunterschied möglich:

in *die* Rente gehen, oder: *in Rente* gehen, mit
dem Taxi kommen, oder: mit *einem* Taxi kommen

2) Die unter 1.–8. genannten Substantive können
außerhalb partieller Typisierungen selbstverständlich alle Artikel bei sich haben.
3) Bei den Namen deutschsprachiger Zeitungen und
Zeitschriften hängt das Genus vom Bezugssubstantiv ab:

der „Eulen*spiegel*", *die* „Wochen*post*", *das*
„Neue *Deutschland*" (ugs. auch: *das* ND)

Bei fremdsprachigen Titeln wird *die* oder der NA
bevorzugt:

die „World", oder: „*World*", *die/das* „Rudé
Právo", oder: „*Rudé Právo*"

Auch bei deutschen Titeln (besonders im Nominativ) ist zuweilen der NA anzutreffen:

„*Neues Deutschland*" schreibt …

4) Die Bezeichnungen von Früchten u. ä. stehen in
partiellen Typisierungen finaler Art im Plural:

Am Sonntag gehen wir in *die* Pilze, vielleicht
auch in *die* Heidelbeeren.

1.4.   Grammatische Konstruktion und Gebrauch des bA

Der bA steht manchmal als (einziges) **Signal** oder
als (zusätzliche) Verdeutlichung bestimmter **grammatischer Merkmale des Substantivs.** Er zeigt an,
daß ein Wort einer anderen Wortart als Substantiv
gebraucht wird. Er kann weiterhin das (einzige)
formale Signal für das Genus, den Numerus oder

den Kasus des Substantivs sein. Er kann signalisieren, ob ein Wort als Eigenname oder als Appellativum verstanden werden soll. In einigen Fällen kann er auch die Satzgliedfunktion des betreffenden Substantivs verdeutlichen.

> Er hat mir *das* Du angeboten. – Sie ist von den Erzählungen *der* Seghers begeistert. – Der Arzt behandelt *den* (aber: *die*) Patienten. – Der Kranke bedarf *der* Ruhe. – Er konnte vor Aufregung überhaupt nichts sagen, *der* Hans.

Unter der Bedingung SIGNAL GRAM KATEGORIE steht manchmal der bA. Diese Signalfunktion des Artikels hat im Deutschen eine größere Bedeutung als in manchen anderen Sprachen, da z. B. die Flexionsformen des Substantivs oft mehrdeutig sind (so steht die Form *Schüler* im Nominativ, Dativ, Akkusativ Singular und im Nominativ, Genitiv, Akkusativ Plural). Dieselben Signalfunktionen können auch der uA und die artikelähnlichen Wörter *dieser, jeder, irgendein, mein* usw. ausüben:

> Sie hat in Mathematik *eine* Zwei bekommen. – Warum sprichst du immer von *dieser* Lehmann? – Er konnte vor Aufregung überhaupt nichts sagen, *unser* Hans.

Auch Adjektivattribute können grammatische Merkmale des Substantivs signalisieren:

> Der Kranke bedarf *größter Ruhe.*

Wir sprechen deshalb bei der Signalisierung grammatischer Merkmale des Substantivs von einer **Funktionsgemeinschaft** zwischen Substantiv, Artikel bzw. artikelähnlichen Wörtern und Adjektivattribut. Zuweilen können sich auch andere Elemente des (Satz-)Kontextes an dieser Funktionsgemeinschaft beteiligen.

Regel D 12 gilt insbesondere

D 12.1.   1. zur Anzeige der **Wortart Substantiv** bei Wörtern, die eigentlich einer anderen Wortart angehören. In der gesprochenen Sprache ist der Artikel oft das einzige Signal für die substantivische Verwendung eines Wortes, da die Großschreibung (als orthographisches Signal) ja nicht hörbar ist:

> (Referent in einem sprachwissenschaftlichen Vortrag:) „Ich denke dabei an Wörter wie Start, starten, Ziel, *das* Rennen, *das* Ringen usw."

Ähnlich auch: *das* Blühen, *das* Grün, *das* Heute, *das* Für und Wider, *das* Wenn und Aber, *das* Ach und Weh u. v. a. Auch Wortgruppen, die als Substantiv gebraucht werden, erhalten den Artikel:

> Bist du schon mit *dem* Kofferpacken fertig? – Die Hoffnung auf *das* Wieder-dabei-sein-Können gab ihm Mut.

2. zur Anzeige des **Genus eines Substantivs.** Das ist besonders dann wichtig, D 12.2.

a) wenn mit dem Genusunterschied zweier Appellativa ein Bedeutungsunterschied verbunden ist: D 12.2.a.

> *der* Band – *das* Band, *der* Bulle – *die* Bulle, *der* Bund – *das* Bund, *der* Ekel – *das* Ekel, *der* Erbe – *das* Erbe, *der* Flur – *die* Flur, *der* Gehalt – *das* Gehalt, *der* Heide – *die* Heide, *der* Hut – *die* Hut, *der* Kiefer – *die* Kiefer, *die* Koppel – *das* Koppel, *der* Korn – *das* Korn, *der* Kunde – *die* Kunde, *der* Laster – *das* Laster, *der* Leiter – *die* Leiter, *der* Mangel – *die* Mangel, *die* Mark – *das* Mark, *der* Mast – *die* Mast, *der* Messer – *das* Messer, *der* Pony – *das* Pony, *der* Schild – *das* Schild, *der* See – *die* See, *die* Steuer – *das* Steuer, *der* Tau – *das* Tau, *der* Tor – *das* Tor u. v. a.

b) wenn mit dem Genusunterschied eine Differenzierung von Eigenname und Appellativum verbunden ist: D 12.2.b.

> Bordeaux (Stadt) – *der* Bordeaux (Wein), *der*

Brahmaputra (Fluß) – *das* Brahmaputra (Huhn), Erika (Mädchenname) – *die* Erika (Pflanze), *der* Harz (Gebirge) – *das* Harz (Stoff), *die* Wartburg (Burg) – *der* Wartburg (Automarke) u. a.

D 12.2.c.

c) wenn ein Adjektiv oder Partizip als Substantiv gebraucht wird und aufgrund seiner Semantik mehrere Genera haben kann:

der Junge – *das* Junge, *der* Neue – *die* Neue, *das* Neue, *der* Taube (Gehörlose) – *die* Taube (1. Vogel; 2. Gehörlose), *der* Verletzte – *die* Verletzte u. v. a.

D 12.2.d.

d) wenn eine Frau nur mit dem Familiennamen genannt wird:

die Erzählungen *der* Seghers, die Gedichte *der* Huch

Bei Vor- und Familiennamen steht jedoch der NA (vgl. N 23.3.):

die Erzählungen von *Anna Seghers*, die Gedichte von *Ricarda Huch*, oder: die Gedichte *Ricarda Huchs*

(Zu anderen Verwendungsweisen des bA bei Personennamen vgl. D 1.5., D 6, D 7.2., D 10.5., D 13.4. ♦ 5)

D 12.3.

3. zur Anzeige des **Numerus eines Substantivs.** Das Substantiv allein kann den Numerus oft nicht signalisieren:

Bergsteiger abgestürzt (Zeitungsüberschrift)
Einbrecher festgenommen (Zeitungsüberschrift)

Prädikate oder Adjektivattribute können den Numerus des Substantivs eindeutig angeben (vgl. N 4 ♦ 2):

Bergsteiger *ist* (oder: *sind*) abgestürzt
Österreichischer (oder: *österreichische*) Bergsteiger abgestürzt

In anderen Fällen kann nur der Artikel den Numerus anzeigen:

> Das hängt vom subjektiven Verhalten *des* (oder: *der*) Menschen ab.

4. zur Anzeige des **Kasus eines Substantivs**. Das ist besonders dann wichtig, D 12.4.

a) wenn zwei Personennamen, die eigentlich mit dem NA stehen (vgl. N 23.3.), verschiedene Kasus haben: D 12.4.a.

> Hans schätzt *den* Peter. Oder: *Der* Hans schätzt Peter. – Bei diesem Spiel unterlag Hans *dem* Peter. – *Dem* Peter hat Monika das Buch gegeben.

b) wenn zwei Stoffbezeichnungen oder Abstrakta, die eigentlich mit dem NA stehen (vgl. N 5), verschiedene Kasus haben und unmittelbar aufeinanderfolgen: D 12.4.b.

> Monika zieht Kaffee *dem* Tee vor. – Slowakisch ist *dem* Tschechischen sehr ähnlich.

(Zu anderen Verwendungsweisen des bA bei Stoffbezeichnungen und Abstrakte vgl. D 1.6., D 2.2., D 5, D 7.)

c) wenn der attributive Genitiv einen Personennamen, die synonyme Umschreibung mit *von* aber sowohl einen Personennamen als auch einen geographischen Namen signalisiert bzw. signalisieren kann: D 12.4.c.

> Dieses Bild wurde nach einem alten Stadtplan *des* Homora (= Person) angefertigt.

Mehrdeutig interpretierbar wäre hingegen:

> Dieses Bild wurde nach einem alten Stadtplan *Homoras* (oder: *von Homora*) angefertigt.

d) wenn im Genitivattribut ein Eigenname mit vorangestelltem Adjektiv steht (vgl. D 13.3.): D 12.4.d.

> die Bilder *des* jungen Chagall – die Probleme *des* heutigen Afrika

Die entsprechenden Eigennamen ohne Attribut stehen mit dem NA (vgl. N 23):

die Bilder *Chagalls* – die Probleme *Afrikas*

D 12.4.e.   e) wenn bei fremden Namen der Genitiv formal nicht erkennbar ist:

die Fabeln *des* Aisopos – die Taten *des* Herkules (aber: die Fabeln *Lessings* – die Bücher *Karl Mays*)

D 12.4.f.   f) wenn Abstrakta, die im Nominativ und Akkusativ mit dem NA stehen (vgl. N 5), im Genitiv oder Dativ verwendet werden:

Der Patient bedarf *der* Ruhe. (Aber: *Ruhe* ist für den Patienten am wichtigsten. – Der Patient braucht *Ruhe*.) – In ihrem Gesicht lag ein Ausdruck *der* Unruhe. (Aber: Aus ihrem Gesicht sprach *Unruhe*.)

Ähnlich auch: *der* Angst Herr werden, *dem* Genusse frönen, *der* Not trotzen u. a.

D 12.5.   5. in seltenen Fällen auch zur Anzeige der **Satzgliedfunktion eines Substantivs**, so zur Differenzierung von Anredenominativ und nachgetragenem Satzglied bei Personennamen:

Er konnte vor Aufregung überhaupt nichts sagen, *der* Hans. (*er* = *der Hans*) Aber: Er konnte vor Aufregung überhaupt nichts sagen, *Hans*. (*Hans* = Anredenominativ)

D 13   Der bA steht vor einem Substantiv, das durch ein **Attribut**, einen Nebensatz oder andere sprachliche Elemente eindeutig identifiziert wird (vgl. auch D 8.6.).

Soeben ist *die* zweite Auflage des Buches erschienen. – Das war *der* schönste Tag in ihrem Leben. – Er erinnert sich gern an *den* gestrigen Abend. – *Die* Endstelle dieser Straßenbahnlinie ist in Gohlis. – Dieser Vertrag wurde nach *dem* Prinzip der Meistbegünstigung abgeschlossen. – Er hatte *die* merkwürdige Idee, bei 20 Grad unter Null zu baden. – Er hatte *die* merkwürdige Idee, daß wir trotz der Kälte im Fluß baden sollten.

Unter der Bedingung + IDENT ATTRIB/NS steht der bA. Entsprechend dieser Regel können sowohl Einzelgegenstände (vgl. die Beispiele oben) als auch (Gesamt-)Mengen von Gegenständen identifiziert werden:

Das waren *die* schönsten Tage in ihrem Leben. – Er erinnert sich gern an *die* Abende mit Monika. – Sie konnte sich nicht mit *den* merkwürdigen Ideen anfreunden, die Peter immer wieder hatte.

Regel D 13 gilt insbesondere,

1. wenn beim Substantiv eine **Ordinalzahl** mit identifizierender Bedeutung steht:

Peter raucht jetzt schon *die* zehnte Zigarette an diesem Abend. – Der Unterricht beginnt *am* 1. September. – *Der* 100. Besucher der Ausstellung erhielt ein Erinnerungsgeschenk.

Beachte:
1) Nimmt die Ordinalzahl keine eindeutige Identifizierung vor, dann steht der uA (+ Singular; vgl. E 8.1. ♦ 4) oder der NA (+ Plural; vgl. N 10.3.):
   Auch Peter hat beim Sportfest *einen* zweiten Platz belegt. – Monika, Karin und Peter haben beim Sportfest *zweite Plätze* belegt.
   Das gilt insbesondere für folgende Fälle:
   a) Es handelt sich um einen gegenwärtig (noch) nicht realen, aber künftig denkbaren Gegenstand:
      Einen dritten Weltkrieg darf es niemals geben. – Der Verlag wird zu diesem Buch noch *ein* zweites Gutachten anfertigen lassen.

b) Es handelt sich zwar um einen realen Gegenstand, von dem aber nicht alle für eine eindeutige Identifizierung notwendigen Merkmale bekannt sind:
Das Ehepaar saß im Zimmer. Bei ihnen war
noch *eine* dritte Person. – Es geschah an
einem 20. September.

c) Mit der Ordinalzahl *erste* wird ausdrücklich
eine Reihe von Gegenständen/Ereignissen
eröffnet (vgl. auch Punkt a):
Gestern konnte ich (vorläufig) nur *einen* ersten Blick in das Buch werfen. – Das ist für
uns Anlaß genug, um *eine* erste (= vorläufige)
Bilanz zu ziehen.

d) Bei exemplarischen Generalisierungen steht
trotz Ordinalzahl der uA (vgl. E 5) bzw. der
NA (vgl. N 7):
Ein zweites Kind ist oft leichter zu erziehen.

2) Wenn die entsprechenden Bedingungen erfüllt
sind (vgl. D 3, D 7), kann der bA durch *dieser/je-
ner* oder *mein* usw. ersetzt werden:
Der 100. Besucher sollte ein Erinnerungsgeschenk erhalten. Zur Freude aller Anwesen-
den war *der/dieser/jener* 100. Besucher ein
7jähriges Mädchen. – Auf dem Foto sehen
Sie die Abgeordneten *beim/bei ihrem* ersten
Rundgang durch die Ausstellung.
Ein Ersatz durch *jeder* führt zu einer (distributiven) Bedeutungsveränderung:
Der 100. Besucher sollte ein Erinnerungsgeschenk erhalten. (= 1 Besucher) Aber: *Jeder*
100. Besucher sollte ein Erinnerungsgeschenk
erhalten. (= x Besucher)

3) Regel D 13 gilt auch für die substantivlosen
Konstruktionen *zum ersten* (= erstens), *zum zweiten* (= zweitens) usw., nicht aber für *zu zweit, zu
dritt* usw. bzw. *zu zweien, zu dreien* usw.

4) In bestimmten weiteren Konstruktionen ist trotz
Numerale der NA verbindlich. Das gilt insbesondere

a) für nachgestellte Kardinalzahlen (vgl. N 13.3.):

Das steht *auf Seite 20.* – Melden Sie sich bitte *in Zimmer 8.*

b) für nachgestellte Titel bzw. Funktionsbezeichnungen mit einer Ordinalzahl (vgl. N 13.3.):

An dem Treffen nahm auch N.N., *Erster Stellvertreter* des Vorsitzenden, teil. Aber: *Der* Erste Stellvertreter des Vorsitzenden, N. N., nahm an dem Treffen teil.

c) für bestimmte Wendungen (vgl. N 13.3.):

Peter lag seit dem ersten Durchgang *an zweiter Stelle* (auch: an *der* zweiten Stelle). – Er hat diese Nachricht *aus erster Hand.* – Nach Ordinalzahlen steht *in erster Linie* der bestimmte Artikel. – Ich brauche noch eine Fahrkarte *zweiter Klasse* nach X.

5) Kontraktion von Präposition und bA ist üblich:

Der Unterricht beginnt *am* 1. September. – Das Foto zeigt die Abgeordneten *beim* ersten Rundgang durch die Ausstellung. – Er wurde *zum* Ersten Stellvertreter des Vorsitzenden gewählt.

2. wenn beim Substantiv ein **Adjektiv im Superlativ** mit identifizierender Bedeutung steht: D 13.2.

Goethe ist *der* bedeutendste Dichter der deutschen Klassik. – Das war *die* beste Idee.

Beachte:

1) Der Elativ nimmt keine eindeutige Identifizierung vor. Er steht mit dem NA (vgl. N 13.1.c.):

Dieser Betrieb verfügt über *modernste* (= sehr/äußerst moderne) *Maschinen.* – Die Zahl der Opfer hat sich *jüngsten Angaben* zufolge weiter erhöht. – Er ist *schwerster Verbrechen* schuldig.

2) Wenn die entsprechenden Bedingungen erfüllt sind (vgl. D 3, D 7), kann der bA durch *dieser/jener* oder *mein* usw. ersetzt werden:

> Die Zahl der Opfer hat sich *der/dieser* jüngsten Meldung zufolge weiter erhöht. – Das war *der* schönste/*mein* schönster Urlaubstag.

3) Regel D 13 gilt auch für die substantivlosen Konstruktionen *am bedeutendsten, am besten, am jüngsten, am modernsten, am schönsten* usw.

4) Regel D 13 gilt auch bei nur mitgedachtem Superlativ. Der bA wird betont. Kontraktion ist in diesem Falle ausgeschlossen:

> Das ist *die* (beste, interessanteste usw.) Idee! – Er sprach von diesen Meisterschaften als von *dem* (nicht: ˣvom) Ereignis des Jahres.

5) In einigen Wendungen ist der NA lexikalisiert:

> Es ist *höchste Zeit*. – *Besten/schönsten/herzlichsten Dank* für die freundliche Unterstützung. – *Oberstes Ziel* unserer Bemühungen ist die Erhaltung des Friedens.

6) Kontraktion von Präposition und bA ist üblich (vgl. aber ♦ 4):

> Leider kam der Referent erst am Ende des Vortrags *zum* wichtigsten Problem. – Peter singt zwar *am lautesten*, aber bei weitem nicht *am besten*.

D 13.3.   3. wenn beim Substantiv ein **Adjektivattribut** steht, das die eindeutige Identifizierung vornimmt. Das betrifft vor allem

D 13.3.a.   a) Adjektive mit **identifizierender lexikalischer Bedeutung**:

> Sie erinnert sich gern an *den* gestrigen Abend. – Die Literaturangaben stehen auf *der* letzten Seite. – Hast du auch *die* übrigen Sätze gelesen? – Hole doch bitte noch *die* restlichen Unterlagen!

Folgende Adjektive stehen meist mit dem bA. 63
Sie machen die Substantive gleichsam zu Unika
(vgl. D 1 bis D 5):

D 13

alleinige	linke
betreffende	meist- (-bietende
damalige	usw.)
diesjährige	mittlere
eigentliche	morgige
eine (und der an-	nächste
dere)	nämliche
einzige	nötige
entgegengesetzte	notwendige
erforderliche	obengenannte
ermittelte	obere
erwähnte	rechte
folgende	übrige
gestrige	untere
halbe	vergangene
heurige (österr.)	vorhergehende
heutige	vorige
hiesige	vorjährige
hintere	vorliegende
jetzige	zuständige
letzte	zutreffende

b) Adjektive mit an sich „neutraler" Bedeutung, D 13.3.b.
die aber im betreffenden **Kontext** bzw. in der betreffenden **Situation** identifizierend wirken:

Das österreichische Parlament hat gestern ein
neues Gesetz verabschiedet. Aber: N. N. ist
ein bekannter österreichischer Schlagersän-
ger. – Hast du auch *den* richtigen Schlüssel?
Aber: Bekomme ich von dir auch einmal *eine*
richtige Antwort?

Beachte:
1) Nimmt das Adjektivattribut keine eindeutige
Identifizierung vor, dann steht der uA (+ Singu-
lar; vgl. E 8.1.) bzw. der NA (+ Plural; vgl.
N 13.1.):
Sie erinnert sich gern an *einen* schönen

Abend. – Sie möchte sich *ein* grünes Kleid kaufen. – Er spielt *einen* erstklassigen Faust. – Bringen Sie uns bitte noch *weitere Unterlagen*!

Das trifft auch auf einige der obengenannten Adjektive zu:

Jeder Fluß hat *ein* rechtes und *ein* linkes Ufer. – In diesem Raum herrscht *eine* mittlere Temperatur von 20 Grad.

Folgende Fälle müssen deutlich unterschieden werden:

der einzige – ein einziger

Er hat *den* einzigen Schlüssel für diesen Tresor. – Er muß nur noch *eine* einzige Seite abschreiben.

der andere – ein anderer

Er wohnt auf *der* anderen Seite des Flusses. – Er wohnt in *einer* anderen Stadt. – Er besucht uns *einen* Tag um *den* anderen.

der ganze – ein ganzer

Er hat *den* ganzen Abend über Musik gesprochen. – Er hat *einen* ganzen Abend über Musik gesprochen.

In manchen anderen Fällen führt die Artikelwahl nicht zu einem Bedeutungsunterschied:

Bei dieser Regel sind *folgende/die folgenden Ausnahmen* zu beachten. – *In letzter Zeit/in der letzten Zeit* kam es zu zahlreichen Wohnungsbränden. – *Vorige Woche/in der vorigen Woche* war es sehr kalt.

2) Wenn die entsprechenden Bedingungen erfüllt sind (vgl. D 3, D 7), kann der bA durch *dieser/jener* oder *mein* usw. ersetzt werden:

Wir werden auch *die/diese* restlichen Unterlagen noch einreichen. – Der Zirkus beendet *die/seine* diesjährige Tournee.

Wird eine Gesamtmenge bezeichnet, kann auch *alle* stehen:

Wir werden *die/alle* restlichen Unterlagen einreichen.

3) Obwohl Eigennamen an sich identifiziert sind und oft mit dem lexikalisierten NA stehen (vgl. N 23), erhalten sie bei vorangestelltem Adjektivattribut den bA:

> *der* kleine Peter – *der* reiche Schulze – *das* nördliche Afrika – *das* alte Prag – *der* alte Herr Meier

Undeklinierte Adjektivattribute (*ganz, halb* usw.) haben diese Wirkung nicht. Es bleibt der NA:

> *Ganz Europa* war von einer dichten Schneedecke überzogen. – *Halb Europa* war tief verschneit. – Da kommt ja *klein Erna*! (umgangssprachlich) Aber: Da kommt ja *die* kleine Erna!

4) In manchen Wendungen sind der uA oder der NA obligatorisch:

> Er ist *ein* ganzer Kerl. – Er will *ganze Arbeit* leisten. Aber: Er will *die* ganze Arbeit allein machen.

5) Besonders *letzte* kann mit dem uA stehen, wenn damit eine (vorläufig abgeschlossene) Reihe von Gegenständen/Ereignissen betont werden soll (vgl. ♦ 1.c. unter Punkt 1. dieser Regel):

> In *einer* letzten Bemerkung wollte der Redner noch auf ein außerordentlich wichtiges Problem eingehen.

6) Ähnlich wie Adjektivattribute können auch die ersten Konstituenten von Komposita identifizierend wirken (vgl. auch D 4.1., D 4.4.):

> Dieses Buch stammt noch aus *den* Anfangsjahren seiner Laufbahn. – Steigen Sie bitte am besten an *der* Endstelle in die Straßenbahn ein! Aber: Direkt vor dem Hotel ist *eine* Straßenbahnhaltestelle.

7) Das artikelähnliche Wort *derselbe* wird als ein Wort geschrieben, *dieser selbe* ist hingegen getrennt zu schreiben:

> Er steht schon eine halbe Stunde auf (ein und) *derselben* Stelle. Aber: Er steht schon eine halbe Stunde auf *dieser selben* Stelle.

8) Kontraktion von Präposition und bA ist üblich:

> Der Streit entstand *am* gestrigen Abend. – Dieses Foto stammt *vom* letzten Urlaubstag. – Der Staatsgast hat *im* österreichischen Parlament eine Rede gehalten.

D 13.4.   4. wenn beim Substantiv ein weiteres **Substantiv als Attribut** (im Genitiv oder mit Präposition) steht, wodurch das Substantiv identifiziert wird. Das gilt insbesondere bei attribuierten

D 13.4.a.   a) relationalen/relativen Unika (vgl. D 2):

> Berlin ist *die* Hauptstadt der DDR. Aber: Berlin ist *eine* attraktive Hauptstadt. – Der Verletzte liegt *am* Rande des Spielfeldes.

D 13.4.b.   b) situativen Unika (vgl. D 3):

> Gib mir doch bitte mal *den* Schlüssel zum Tresor! Aber: Gib mir doch bitte mal *eine* Zange! – *Das* Telefon im Sekretariat ist kaputt. Aber: Ist im Nebenzimmer auch *ein* Telefon?

D 13.4.c.   c) lokal oder temporal situierten Unika (vgl. D 4):

> Er ist *der* Bürgermeister der Stadt. Aber: Er ist *Bürgermeister*. – Das war *am* Montag dieser Woche. Aber: Es geschah an *einem* Montag im August.

D 13.4.d.   d) präinformativen Unika (vgl. D 5):

> Wie war *die* Reise nach Moskau? – *Der* Direktor unserer Schule hat *den* Termin für das Sportfest festgelegt.

D 13.4.e.   e) Abstrakta:

> Er betrachtete alles mit *der* Neugier eines Kindes. Aber: Er betrachtete alles *mit Neugier*. – Er urteilt *vom* Standpunkt eines Technikers. – Er unterschrieb das Dokument *im* Auftrag des Direktors.

auf *der* Basis (völliger Gleichberechtigung)
auf *dem* Gebiet (der Weltraumforschung)
auf *der* Grundlage (des Vertrages)
auf *dem* Hintergrund (der aktuellen Ereignisse)
auf *dem* Wege (der Genesung)
aus *dem* Blickwinkel (eines Laien)
aus *der* Perspektive (eines Technikers)
aus *der* Sicht (eines Fachmannes)
nach *dem* Grundsatz (der Meistbegünstigung)
nach *den* Prinzipien (des Völkerrechts)
unter *den* Bedingungen (des strengen Frostes)
unter *dem* Aspekt (des Artikelgebrauchs)
unter *der* Voraussetzung (uneigennütziger Hilfe)
zum Nutzen (der Allgemeinheit)
zum Preis (von 40 Mark)
zum Vorteil (des Angeklagten)
zur Zeit (des Dreißigjährigen Krieges)

Beachte:

1) Nimmt das substantivische Attribut keine eindeutige Identifizierung vor, dann steht beim Substantiv der uA (+ Singular; vgl. E 8.2.) oder der NA (+ Plural; vgl. N 10):

Kollege Meier hat auch *einen* Schlüssel zum Tresor. – Peter ist gerade von *einer* Dienstreise nach Schweden zurückgekehrt. – In dem Aufsatz werden *Aspekte* des Artikelgebrauchs untersucht.

2) Wenn die entsprechenden Bedingungen erfüllt sind (vgl. D 3, D 7), kann der bA durch *dieser/jener* oder *mein* usw. ersetzt werden:

Der/dieser Umbau der Bibliothek dauert einige Monate. – Wie war *die/Ihre* Reise nach Moskau?

3) Steht das Genitivattribut vor dem Substantiv, dann ist der NA zu gebrauchen (vgl. N 13.4.):

Wien ist Österreichs *Hauptstadt*. Aber: Wien ist *die* Hauptstadt Österreichs. – Dort kommt Peters *Freundin*. – Das war meines Vaters *größter Wunsch*. – Heute feiern wir Muttis *Geburtstag*.

4) Die erste Konstituente von Komposita kann identifizierend wirken:

Der Verletzte lag *am* Spielfeldrand. Aber: Der Verletzte lag an *einem* Feldrand. – Der Vertrag beruht auf *dem* Meistbegünstigungsprinzip.

5) Eigennamen, die ohne Attribut bzw. Apposition den NA haben (vgl. N 23), stehen mit Attribut bzw. Apposition auch mit dem bA:

Ist das *(der)* Peter Meier aus der Bibliothek?

Das gilt insbesondere auch bei vorangestellten Berufs- oder Tätigkeitsbezeichnungen:

Dort kommt *die* Schauspielerin Monika Meier. – Fragen Sie bitte nach *dem* Küchenleiter Lehmann. – Das Buch bringt uns *die* Märchensammler Jacob und Wilhelm Grimm nahe.

Bei Titeln, titelartig gebrauchten Berufs- und Tätigkeitsbezeichnungen sowie bei *Frau, Fräulein, Familie, Herr, Kollege, Doktor, Professor* usw. steht der NA, in familiärer Umgangssprache auch der bA (vgl. N 2.1., N 23.3.c., D 6):

Dort kommt *Frau/Familie/Kollegin/Doktor/ Fleischermeister* Meier. – Lauf doch mal schnell *zur* Frau Meier rüber! (umgangssprachlich)

Aber immer mit dem bA stehen: *der* alte Herr Meier, *der* berühmte Dr. Meier usw. Ist eine Apposition sowohl als Berufs-/Tätigkeitsbezeichnung als auch als Titel interpretierbar, schwankt der Artikelgebrauch zwischen bA und NA:

An der Pressekonferenz nahm auch *(der)* Außenminister N. N. teil. Aber: An der Presse-

konferenz nahm auch *der* Außenminister
Österreichs, N. N., teil.

Herrschernamen mit einem Beinamen stehen
mit dem NA, der Beiname erhält den bA:

Peter *der* Große, August *der* Starke, Friedrich
der Zweite, Richard *der* Dritte.

Der bA wird auch gesprochen, wenn der Beiname als Ordinalzahl geschrieben ist:

Friedrich II. (sprich: Friedrich *der* Zweite)

Titel vor Herrschernamen haben oft den NA
und werden dann nicht dekliniert:

Der Roman handelt in der Regierungszeit *Kö-
nig Augusts des Starken.*

Steht der Titel (z. B. bei Attribuierung) mit dem
bA, dann werden Titel und Beiname dekliniert,
nicht aber der eigentliche Personenname:

Er lebte am Hofe *des preußischen Königs Friedrich II.*

6) Kontraktion von Präposition und bA ist üblich:

Er wurde *zum* Bürgermeister dieser Stadt gewählt. – Er unterschrieb *im* Auftrag des Di-
rektors.

5. wenn beim Substantiv eine identifizierende **Infinitivgruppe** oder ein identifizierender **Nebensatz**
steht:

Er hat *die* Idee, bei 20 Grad Kälte im Fluß zu
baden. – Ich habe *die* Ehre, Herrn Professor X. bei uns zu begrüßen. – *Das* Geld, das
sie ihm geliehen hatte, ist schon wieder aufge-
braucht.

Beachte:

1) Nimmt die Infinitivgruppe bzw. der Nebensatz
keine eindeutige Identifizierung vor, dann steht
beim Substantiv der uA (+ Singular; vgl. E 8)
oder der NA (+ Plural; vgl. N 13):

Er hatte plötzlich *eine* Idee, die ihm niemand
zugetraut hätte.

Viele Nebensätze verhalten sich der Identifizierung gegenüber neutral. Das Bezugssubstantiv muß – entsprechend den konkreten und vom Nebensatz unabhängigen Bedingungen – mit dem bA oder dem uA stehen:

> In *dem* Brief, den ich von Peter bekommen habe, schreibt er, daß er krank sei. Aber: In *einem* Brief, den ich von Peter bekommen habe, schreibt er, daß er krank sei.

2) Wenn die entsprechenden Bedingungen erfüllt sind (vgl. D 3, D 7), kann der bA durch *dieser/jener* oder *mein* usw. ersetzt werden:

> Wer hatte denn *die/diese* Idee, bei 20 Grad Kälte im Fluß zu baden? – Alle waren gegen *die/seine* Idee, bei 20 Grad Kälte im Fluß zu baden.

Wird eine Gesamtmenge bezeichnet, kann auch *alle* stehen:

> *Das/alles* Geld, das sie ihm geliehen hatte, ist schon wieder aufgebraucht.

Vor einem identifizierenden Relativsatz kann anstelle des bA auch *derjenige* stehen:

> *Der/derjenige* Schüler, der seine Aufgaben sorgfältig anfertigt, erhält eine gute Note.

3) Identifizierende *daß*-Sätze stehen u. a. nach folgenden Abstrakta:

> *die* Behauptung, daß ... – *der* Fakt, daß ... – *die* Feststellung, daß ... – *die* Meinung, daß ... – *der* Standpunkt, daß ... – *die* Tatsache, daß ... – *das* Vorurteil, daß ...

4) Kontraktion der Präposition mit dem bA ist vor identifizierenden Nebensätzen ausgeschlossen:

> Er begleitete sie *zu dem* Haus, in dem sie wohnte. – Er nahm *zu dem* Vorurteil Stellung, daß Frauen schlechter Auto fahren als Männer.

D 13.6.   6. wenn **andere sprachliche Elemente** in der Umgebung des Substantivs eine Identifizierung vornehmen. Diese identifizierenden Elemente können im betreffenden Satz enthalten sein:

> Monika verbrachte *gestern den* Nachmittag in der Bibliothek. – Der Unfall ereignete sich *vorige Woche am* Montag. – Erinnerst du dich noch an *die* dumme Geschichte *damals*? – Peter hat *das* Wasser *ausgetrunken*. Aber: Peter hat *(das)* Wasser getrunken. – Peter hat *die* Abmachung mit seinem Freund *eingehalten*. Aber: Peter hat mit seinem Freund *eine* Abmachung getroffen.

Sie können sich aber auch aus dem weiteren Textzusammenhang ergeben:

> Diesem Problem liegt *eine bestimmte Gesetzmäßigkeit* zugrunde. Der Forscher will *die* entsprechende Gesetzmäßigkeit aufdecken. Aber: Wir übermitteln Ihnen die kritischen Hinweise des Rezensenten. Bitte erarbeiten Sie *eine* entsprechende Stellungnahme.

Der bA steht in zahlreichen **Funktionsverbgefügen**.   D 14

Wir bezeichnen die Funktionsverbgefüge künftig als FVG.

> Infolge starker Schneefälle ist der Verkehr in den höher gelegenen Landesteilen *zum* Erliegen gekommen. – Peter hat dieses Problem noch einmal *zur* Diskussion gestellt. – Bei dem Unglück haben 20 Personen *den* Tod gefunden. – Man hat gegen ihn *den* Vorwurf der Bestechlichkeit erhoben. – Alle waren *der* Meinung, daß diese Frage noch einmal besprochen werden muß.

Unter der Bedingung GRAM KONSTR FVG steht in einer Reihe von Fällen der bA (vgl. aber E 9 und N 15). Kontraktion mit den entsprechenden Präpositionen ist üblich. Außer in den unter ♦ 3 zu Punkt 3

genannten FVG kann der bA nicht durch ein artikelähnliches Wort ersetzt werden.
Regel D 14 gilt insbesondere,

D 14.1. 1. wenn das Substantiv im FVG ein **substantivierter Infinitiv** ist:

> Glücklicherweise ist das Auto noch kurz vor dem Abgrund *zum* Stehen gekommen.

So auch: etw. *ins* Stocken bringen, *ins* Stocken geraten, etw. *ins* Wanken bringen, *ins* Wanken geraten, etw. *zum* Stehen bringen, *zum* Stehen kommen u.a.

Beachte:
1) Außerhalb von FVG können substantivierte Infinitive selbstverständlich auch den uA oder den NA haben:

> Aus dem Wald ertönte *ein* lautes Rufen. – *Rauchen* ist hier verboten.

2) Steht beim substantivierten Infinitiv im FVG ein nichtidentifizierendes Attribut (vgl. E 9.2./3.), dann wird der uA verwendet:

> Durch den Sturm geriet der Mast in *ein* ständiges Schwanken.

D 14.2. 2. wenn das Substantiv im FVG ein **Femininum** ist und zum FVG die **Präposition** *zu* gehört:

> Ich hoffe, daß er meine Worte *zur* Kenntnis genommen hat.

So auch: etw. *zur* Anwendung bringen, *zur* Anwendung gelangen/kommen, etw. *zur* Diskussion stellen, *zur* Diskussion (an-)stehen, etw. *zur* Kenntnis bekommen/bringen/geben u.a.

Beachte:
1) Die gleichen Substantive stehen in FVG ohne Präposition oder mit anderen Präpositionen oft mit dem NA (vgl. N 15):

> Ich hoffe, daß er von meinen Worten *Kenntnis* genommen hat.

73

D 14

So auch: *Anwendung* finden, jem. *Kenntnis* geben, *Zustimmung* finden u. a.

Der Zug setzte sich langsam *in Bewegung.*

So auch: etw. *in Bewegung* bringen, jem. *in Gefahr* bringen, jem. *in Kenntnis* setzen, jem. *in Verlegenheit* bringen, *in Wut* geraten u. a.

2) Bei Maskulina und Neutra mit der Präposition *zu* ist der Artikelgebrauch von Fall zu Fall unterschiedlich:

> etw. *zum* Ausdruck bringen, aber: jem. *zu Fall* bringen, etw. *zum* Abschluß bringen, aber: etw. *zu Ende* bringen

3. bei einigen Substantiven im Akkusativ oder im Genitiv, die **implizit ein Merkmal** + IDENT enthalten (vgl. auch D 1.6.):

> Bei dem Unglück haben 20 Personen *den* Tod gefunden. – Diese Frage bedarf noch *der* Klärung.

So auch: jem./etw. *den* Kampf ansagen, jem./etw. *den* Vorzug geben, *der* Präzisierung bedürfen u. a.

Beachte:
1) Zahlreiche Substantive in FVG haben obligatorisch ein identifizierendes Attribut, eine identifizierende Infinitivgruppe oder einen identifizierenden Nebensatz bei sich. Sie stehen mit dem bA (vgl. Punkt 4).
2) In anderen FVG mit einem Substantiv im Akkusativ steht der NA (vgl. N 15):

> Sie nimmt an seiner Arbeit (großen) *Anteil.*

So auch: *Anwendung* finden, jem./etw. *Beifall* zollen, von etw. *Kenntnis* erhalten, *Verwunderung* auslösen, *Zustimmung* finden u. a.

3) Eine Reihe von FVG mit einem Substantiv im Akkusativ haben statt des bA obligatorisch das Possessivum *sein:*

> *seinen* Anfang nehmen, *seinen* Ausdruck finden, *seinen* Lauf nehmen, *seinen* Ursprung haben u. a.

Bei entsprechenden Attributen kann der uA stehen (vgl. E 9.3.):

> Die Konferenz nahm *einen* unerwarteten Ver-
> lauf.

Auch der bA ist unter den entsprechenden Bedingungen möglich (vgl. D 13.3.):

> Die Konferenz nahm *den/ihren* geplanten
> Verlauf.

D 14.4.   4. wenn beim Substantiv im FVG ein identifizierendes **Attribut**, eine identifizierende **Infinitivgruppe**
oder ein identifizierender **Nebensatz** steht (vgl.
D 13):

> Man hat gegen ihn *den* Vorwurf der Bestech-
> lichkeit erhoben. – Man hat gegen ihn *den*
> Vorwurf erhoben, bestechlich zu sein. – Man
> hat gegen ihn *den* Vorwurf erhoben, daß er be-
> stechlich sei.

Zahlreiche FVG haben obligatorisch oder wenig-
stens in der Regel ein identifizierendes Attribut
usw. bei sich. Mit solchen Attributen stehen z.B.:

> *den* Befehl zu etw. geben, *die* Fähigkeit zu
> etw. haben/besitzen, *die* Forderung nach etw.
> stellen, *die* Frage nach etw. stellen, *die* Vor-
> aussetzung für etw. haben/schaffen, *im* Besitz
> von etw. sein, *im* Ermessen von jem. liegen/
> stehen, *im* Verdacht von etw. stehen, unter
> *dem* Einfluß von etw./jem. stehen.

Mit Infinitivgruppen stehen z.B.:

> *die* Absicht haben, etw. zu tun; *den* Befehl ge-
> ben, etw. zu tun; *die* Fähigkeit haben, etw. zu
> tun; *die* Möglichkeit bieten/haben, etw. zu
> tun; *die* Voraussetzung haben, etw. zu tun;
> *den* Vorwurf machen, etw. getan zu haben; *im*
> Verdacht stehen, etw. getan zu haben

Mit einem Nebensatz stehen z.B.:

> *der* Ansicht sein, daß …; *den* Beweis antreten,

daß …; *die* Erfahrung machen, daß …; *der*
Meinung sein, daß …; *die* Möglichkeit schaf-
fen, daß …; *im* Verdacht stehen, daß …; *die*
Frage stellen, ob …

Zahlreiche andere FVG können mit oder ohne Attribut gebraucht werden. Enthält das Attribut ein
Merkmal + IDENT (vgl. D 13), dann steht beim attribuierten Substantiv der bA, auch wenn beim
nichtattribuierten Substantiv der NA (vgl. N 15)
stehen muß:

> Wir werden die Angelegenheit *zum* erwarteten
> Ende bringen. Aber: Wir werden die Angele-
> genheit erwartungsgemäß *zu Ende* bringen. –
> Man hat ihn in *(die)* größte Gefahr gebracht.
> Aber: Man hat ihn *in Gefahr* gebracht.

Beachte:
1) Bei Graduierungsadjektiven im Superlativ ist
   der bA hier nur fakultativ (vgl. aber D 13.2.):
   > Das hat sie in *(die)* größte Verlegenheit ge-
   > bracht.
2) Bei nichtidentifizierenden Attributen steht der
   uA bzw. der NA. Bei Graduierungsadjektiven ist
   auch der uA nur fakultativ:
   > Man hat ihn in *(eine)* große Gefahr ge-
   > bracht. – Wir werden die Sache zu *einem* gu-
   > ten Abschluß bringen. – Peter steht jetzt *unter*
   > *behördlicher Aufsicht.* Aber: Er steht unter *der*
   > Aufsicht seiner Vorgesetzten.
3) In manchen Fällen steht trotz identifizierendem
   Attribut der NA (vgl. N 15):
   > *Berufung* gegen etw. einlegen, *Beschwerde* gegen
   > etw. führen, *Protest* gegen etw. erheben u. a.

D 15

Der bA steht in einer Reihe von **Temporalbestimmungen**, besonders bei der Angabe des Jahrhunderts, des Jahrzehnts, des Jahres, der Jahreszeit, des Monats, des Wochen- oder Feiertags und der Tageszeit.

Der Dreißigjährige Krieg fand *im* 17. Jahrhundert statt. Wir leben *im* vorletzten Jahrzehnt *des* 20. Jahrhunderts. – *Im* Mai *des* Jahres 1945 wurde die Welt vom Hitlerfaschismus befreit. – Kartoffeln werden *im* Herbst geerntet. – *Am* Sonnabend nach *dem* 1. Mai findet kein Unterricht statt. – Peter arbeitet am liebsten in *der* Nacht.

Unter der Bedingung GRAM KONSTR TEMP steht häufig der bA. Kontraktion des bA mit den entsprechenden Präpositionen ist üblich (vgl. aber ♦ 7).
Regel D 15 gilt insbesondere,

D 15.1.   1. wenn die Temporalbestimmung ein objektives oder relationales **Unikum** ist (vgl. D 1 und D 2):

Der Dreißigjährige Krieg fand *im* 17. Jahrhundert statt. – Der 2. Weltkrieg wurde *im* Mai *des* Jahres 1945 beendet. – *Am* Freitag, *dem* 5. April 1985, fand kein Unterricht statt.

D 15.2.   2. wenn die Temporalbestimmung durch die **zeitliche Situierung des Kommunikationsaktes** eindeutig identifiziert wird (vgl. D 4.3.):

Er verteidigt seine Dissertation *im* Mai (= im kommenden Mai). – Er hat seine Dissertation *im* Mai verteidigt (= im vergangenen Mai). – Er hat *am* (bevorstehenden) Montag Geburtstag. – Er hatte *am* (vergangenen) Montag Geburtstag.

D 15.3.   3. wenn die Temporalbestimmung in **partiell-typisierender Bedeutung** gebraucht wird, sich also nicht auf ein konkretes zeitliches Individuum bezieht (vgl. D 11.6.):

Die Woche über arbeitet er in Leipzig, *am* Wochenende fährt er nach Hause. – In *der* Nacht ist der Patient oft sehr unruhig, *am* Tage fühlt er sich wohler.

4. wenn die Temporalbestimmung durch ein **Attribut** oder einen Nebensatz eindeutig identifiziert wird (vgl. D 13):

Die Prüfung findet *am* kommenden / nächsten Montag statt. – Die Prüfung findet *am* Montag in einer Woche statt. – Die Prüfung findet *am* Montag, dem 13. Februar, statt. – Die Prüfung fand gerade an *dem* Montag statt, an dem Monika Geburtstag hatte.

Beachte:

1) Jahresangaben ohne das Substantiv *Jahr* und Angaben der Uhrzeit haben immer den NA:

Der 2. Weltkrieg wurde *1945* beendet. – Die Sitzung beginnt *(um) 7.30 Uhr/(um) halb acht.*

2) Die Feste *Neujahr, Ostern, Pfingsten* und *Weihnachten* stehen immer mit dem NA (vgl. N 23.4.a.):

Was wünscht sie sich denn *zu Weihnachten?*

3) Nach den Präpositionen *ab, bis* und *von ... bis* stehen insbesondere Monate und Wochentage mit dem NA (vgl. N 16):

Ab Mai/ab Montag gilt der neue Fahrplan. – Der Fahrplan gilt *von Mai bis September/von Montag bis Freitag.*

Die Präposition *bis zu* kontrahiert mit dem bA:

Der Fahrplan gilt *bis zum* Freitag.

4) In Sätzen mit *sein, werden, bleiben* oder *haben* stehen insbesondere Jahreszeiten, Monate, Wochentage und Tageszeiten mit dem NA (vgl. N 14.3.):

Es ist schon *Sommer/Mai/Montag/Abend.* – Heute haben wir *Montag.*

5) Die Substantive *Jahr, Monat, Woche* sowie die Jahreszeiten und die Wochentage im Akkusativ mit den Attributen *kommende, letzte, nächste, vergangene, vorangegangene* haben den NA (vgl. N 17):

Monika hat ihn *voriges Jahr/vorigen Sommer/ vorigen Monat/vorige Woche/vorigen Dienstag* besucht.

Solche Akkusativkonstruktionen sind auch mit *dieser* und *jeder* möglich:

Monika hat ihn *dieses/jedes* Jahr besucht.

6) Besonders in partiell-typisierender Bedeutung (vgl. auch D 11.6.) können auch die Formen *des Morgens, des Abends, des Nachts* verwendet werden:

Des Nachts/in *der* Nacht ist der Patient immer sehr unruhig.

Die entsprechenden Adverbien stehen selbstverständlich ohne Artikel: *morgens, mittags, nachmittags, abends, nachts, tags darauf* u. a.

7) Wird die Temporalbestimmung durch einen Relativsatz identifiziert, ist die Kontraktion von Präposition und bA ausgeschlossen:

Das geschah an *dem* Montag, an dem sie gerade Geburtstag hatte. – Er erinnert sich noch gut an *das* Jahr, in dem er sein Studium begonnen hat.

Nichtidentifizierende Nebensätze haben diese Wirkung nicht:

Das geschah *am* Montag, als sie gerade aus dem Haus gehen wollte.

8) Unter den entsprechenden Bedingungen können Temporalbestimmungen auch mit dem uA stehen:

Dieses Jahr hatten wir *einen* sehr heißen Sommer. – *Eines* Tages geschah dann ein Unglück. – Sie ist an *einem* Donnerstag geboren. – Er erinnert sich nicht mehr an das Jahr, weiß aber genau, daß es an *einem* 20. September gewesen ist.

D 16   Der bA steht in einigen **Konstruktionen mit Maß- bzw. Mengenbezeichnungen.**

Diese Zwiebeln kosten 80 Pfennig *das* Kilo. –

Opa Müller ist schon um *die* 80 (Jahre alt). –
Die Fahrt dauert an *die* zwei Stunden.

Unter der Bedingung GRAM KONSTR MASS steht in einer Reihe von Fällen der bA. Kontraktion von Präposition und bA findet nicht statt.
Regel D 16 gilt insbesondere

1. in der **Standardsprache** bei distributivem Gebrauch von Maßbezeichnungen:

   D 16.1.

   > Dieser Kleiderstoff kostet 20 Mark *das/der* Meter. – Wir sind 110 Kilometer *die* Stunde gefahren.

   Beachte:
   1) Nach *je* und *pro* steht der NA (vgl. N 16):
      > Dieser Kleiderstoff kostet 20 Mark *je/pro Meter*. – Wir sind 110 Kilometer *pro/je Stunde* gefahren.

   2) In bestimmten Konstruktionen mit *haben* usw. steht der uA (vgl. E 10):
      > Diese Vase hat *einen* Wert von 5 000 Mark. – Der Fluß hat an dieser Stelle *eine* Breite von 200 Metern.

2. in der **Umgangssprache** bei ungefähren Maßangaben mit den Präpositionen *an* und *um:*

   D 16.2.

   > Der nächste Ort ist an *die* 20 Kilometer entfernt. – Monika müßte schon an *die* 40 (Jahre alt) sein. – Auf dem Sportplatz sollen um *die* 1 000 Zuschauer gewesen sein. – Das Auto erreicht nur noch eine Geschwindigkeit um *die* 60 km/h (sprich: Kilometer pro/je Stunde oder: Stundenkilometer).

   Beachte:
   In der Standardsprache werden solche Maßangaben mit *annähernd, etwa, ungefähr* usw. ausgedrückt:
   > Der nächste Ort ist etwa 20 Kilometer entfernt. – Monika müßte schon annähernd 40 (Jahre alt) sein. – Das Auto erreicht nur noch eine Geschwindigkeit von ungefähr 60 km/h.

D 17

> Der bA ist bei einer Reihe von **Eigennamen** in Übereinstimmung mit ihrer Unikalität (vgl. D 1 und D 4) lexikalisiert.

Die Erde dreht sich um *die* Sonne. – Peter fährt im Urlaub in *den* Harz, Monika fährt an *die* Ostsee. – Wladimir wohnt in *der* Sowjetunion, und zwar *im* Fernen Osten. – Die Reisegruppe hat schon *das* Völkerschlachtdenkmal und *das* Neue Gewandhaus besucht, jetzt geht sie *ins* Ringcafé. – Er spielt *den* Faust ausgezeichnet. – Der Roman spielt in der Regierungszeit Augusts *des* Starken. – Monika interessiert sich für die Architektur *der* Gotik. – In *der* DDR wird am 12. Juni *der* Tag *des* Lehrers begangen.

Unter der Bedingung LEXIKAL EN steht in vielen Fällen der bA. Kontraktion ist mit den entsprechenden Präpositionen ist üblich.
Regel D 17 gilt insbesondere für

D 17.1.

1. astronomische und geographische Begriffe, und zwar besonders für

D 17.1.a.

a) die Namen der **Sterne** und **Sternbilder** sowie andere unikale **astronomische und geographische Begriffe** (vgl. ausführlich D 1.1.):

die Erde, *der* Mars, *die* Zwillinge; *der* Äquator, *die* Gezeiten, *der* Nordpol; *die* Arktis, *die* Antarktis, *die* Tropen; *der* Himmel, *die* Stratosphäre, *das* Universum

D 17.1.b.

b) die Namen der **Gebirge, Berge, Ozeane, Meere, Meeresteile, Seen** und **Flüsse** (vgl. ausführlich D 1.1.a.):

der Harz, *das* Matterhorn; *der* Atlantik, *die* Ostsee, *der* Bosporus; *der* Genfer See, *der* Rhein, *die* Elbe

c) alle femininen und pluralischen Namen der
Staaten, die aus einer Wortgruppe bestehenden
Staatsnamen und deren Abkürzungen sowie die
mit *-staat* oder *-union* gebildeten Staatsnamen
(vgl. ausführlich D 1.1.b.; zu den Staatsnamen
mit dem NA vgl. N 23.1.b.):

> *die* Schweiz, *die* Tschechoslowakei; *die* Nie-
> derlande; *die* Union der Sozialistischen So-
> wjetrepubliken, *die* UdSSR, *die* SU; *die* So-
> wjetunion, *der* Vatikanstaat

d) alle maskulinen und femininen Namen von
Landschaften, Inseln, Inselgruppen und **Halbinseln** (vgl. ausführlich D 1.1.c.):

> *der* Ferne Osten, *die* Lausitz; *der* Darß, *die*
> Krim

Hierher gehören auch einige Neutra (vgl. aber
N 23.1.c.):

> *das* Elsaß, *das* Ries, *das* Wallis; *das* Havel-
> land, *das* Rheinland, *das* Vogtland

2. die Namen unikaler konkreter Gegenstände bzw.
Institutionen, und zwar besonders für

a) die Namen von **Bauwerken** (vgl. ausführlich
D 1.2.):

> *der* Kölner Dom, *die* Wartburg, *das* Völker-
> schlachtdenkmal

b) die Namen von **Institutionen** und **Wirtschaftsunternehmen** (vgl. ausführlich D 1.3.):

> *der* Weltgewerkschaftsbund, *die* UNO, *das*
> Berliner Ensemble; *der* VEB Carl Zeiss, *die*
> LPG „Sachsenland"

c) die Namen von **Verkehrsmitteln**, insbesondere
von Schiffen und Expreßzügen (vgl. ausführlich
D 1.3.):

> *die* „Rostock", *die* „Frieden", *die* „Wilhelm
> Pieck"; *der* „Karlex", *der* „Meistersinger", *der*
> „Saxonia"

81

D 17

D 17.1.c.

D 17.1.d.

D 17.2.

D 17.2.a.

D 17.2.b.

D 17.2.c.

3. die Namen der **Straßen, Plätze, Gebäude** und In-**stitutionen**, die durch ihre Situierung in einer Stadt/Gemeinde das Merkmal der Unikalität erhalten (vgl. ausführlich D 4.1.):

D 17.3.   *der* Postplatz (in X), *die* Talstraße (in X), *das* (Hotel) Berolina (in X), *das* (Restaurant) Budapest (in X), *der* Goldene Anker (in X), *das* Ringcafé (in X), *die* Kaufhalle West (in X)

D 17.4.   4. die Namen von **Gestalten der Literatur, der bildenden Kunst, der Religion und der Mythologie** (vgl. ausführlich D 1.5.):

                der Faust, *die* Mona Lisa; *der* Erlöser; *der* Teufel; *der* böse Wolf; *der* Weihnachtsmann

D 17.5.   5. die **Beinamen von Herrschernamen** (vgl. ausführlich D 13.4. ♦ 5):

                Peter *der* Große, August *der* Starke, Richard *der* Dritte, Friedrich II. (sprich: *der* Zweite)

D 17.6.   6. die Namen **historischer Epochen, Ereignisse und Dokumente** (vgl. ausführlich D 1.6.):

                der Feudalismus, *das* Mittelalter; *die* Gotik, *die* Klassik; *der* Große Vaterländische Krieg, *die* Völkerschlacht bei Leipzig; *die* Genfer Konvention, *das* Potsdamer Abkommen

D 17.7.   7. die Namen der meisten **Feiertage** (vgl. ausführlich D 1.6.g.):

                der Weltfriedenstag, *der* 1. Mai; *der* Heilige Abend, *der* Karfreitag; *der* Tag *des* Lehrers, *der* Tag *des* Kindes

Beachte:

1) Die ausführlichen Regeln werden unter D 1 und D 4 dargestellt. Dort finden sich auch wichtige Teilregeln und Hinweise auf Abweichungen von diesen Regeln.

2) Viele Eigennamen haben trotz ihrer Unikalität den lexikalisierten NA bei sich (vgl. dazu N 23).

3) Unter bestimmten situativen, semantischen und/ oder grammatischen Bedingungen steht der bA auch bei solchen Eigennamen, die außerhalb dieser speziellen Bedingungen den lexikalisierten NA haben (vgl. dazu besonders D 6.1./2., D 10.1., D 10.5., D 11 ♦ 3, D 12.2., D 12.4./5., D 13.1. ♦ 4b, D 13.3. ♦ 3, D 13.4. ♦ 5).

4) Unter speziellen semantischen und/oder grammatischen Bedingungen können die in Regel D 17 angeführten Eigennamen auch den uA (vgl. E 11) bzw. den NA (vgl. N 12) haben.

Der bA ist in vielen Phraseologismen fest lexikalisiert.   **D 18**

Phraseologismen sind sozusagen sprachliche Fertigteile, die nur komplett in eine Äußerung übernommen werden können. Das betrifft auch den Artikelgebrauch: Selbst wenn in vergleichbaren nichtphraseologischen Konstruktionen ein anderer Artikel denkbar oder gar notwendig wäre, darf der Phraseologismus nur mit seinem fest lexikalisierten Artikel verwendet werden.

> *vom* Mond kommen, *ans* Licht kommen; *die* Katze *im* Sack kaufen, zwischen *den* Zeilen lesen; *die* Nase hoch tragen, sich etw. aus *den* Fingern saugen, jem. *beim* Wort nehmen; *die* erste Geige spielen, *den* gestrigen Tag suchen.

Was wir soeben anhand phraseologischer Wortgruppen/Wendungen gezeigt haben, trifft beispielsweise auch auf zahlreiche **Sprichwörter** zu:

> Man soll *den* Tag nicht vor *dem* Abend loben. – *Die* Wahrheit ist *der* beste Advokat.

Unter der Bedingung LEXIKAL PHRASEOLOG steht in vielen Fällen der bA. Die Kontraktion von Präposition und bA ist auch fest lexikalisiert. Der bA kann nur in äußerst seltenen Fällen durch ein artikelähnliches Wort ersetzt werden (vgl. ♦ 2).

Regel D 18 gilt insbesondere,

D 18 1. wenn das Substantiv im Phraseologismus ein **absolutes Unikum** ist (vgl. D 1):

D 18.1.   leben wie *der* Herrgott in Frankreich, *vom* Mond kommen – Dem Mutigen gehört *die* Welt.

Das gilt besonders auch für zahlreiche ganz allgemein gebrauchte Abstrakta:

im Dunkeln tappen, *ans* Licht kommen, jem./ etw. hassen wie *die* Pest – Gegen *das* Recht gibt es kein Recht. – *Die* Wahrheit ist der beste Advokat.

D 18.2. 2. wenn das Substantiv im Phraseologismus in **generalisierender** Weise gebraucht wird (vgl. D 9 bis D 11):

mit *dem* Feuer spielen, auf *der* Hand liegen, mit *den* Hühnern aufstehen, *die* Kastanien aus *dem* Feuer holen, *die* Katze *im* Sack kaufen, wie *die* Katze um *den* heißen Brei herumgehen, dastehen wie *die* Kuh *vorm* neuen Tor, etw. unter *die* Leute bringen, sich wohlfühlen wie *die* Made *im* Speck, mit *dem*/gegen *den* Strom schwimmen – *Die* Ausnahme bestätigt *die* Regel. – In *der* Kürze liegt *die* Würze. – *Dem* Mutigen gehört die Welt. – Man soll *den* Tag nicht vor *dem* Abend loben.

D 18.3. 3. wenn das Substantiv (vor allem Bezeichnungen von Körperteilen) im Phraseologismus durch seine objektive Beziehung zu einem anderen Gegenstand das Merkmal der **relativen Unikalität** erhält (vgl. D 2). Das gilt besonders für

D 18.3.a.   a) die Possessivitäts- bzw. Pertinenzrelation zum Subjekt ohne grammatische Reflexivität (d. h. ohne *sich*):

die Augen vor etw. verschließen, *die* Karten offen auf den Tisch legen, etw. *übers* Knie bre-

chen, *den* Kopf verlieren, *die* Nase hoch tra-
gen, *die* Nerven verlieren, *die* Ohren spitzen –
Was man nicht *im* Kopf hat, muß man in *den*
Beinen haben.

b) die Possessivitäts- bzw. Pertinenzrelation zum D 18.3.b.
Subjekt bei grammatischer Reflexivität (d.h. mit
sich):

> sich eins *ins* Fäustchen lachen, sich etw. aus
> *den* Fingern saugen, sich auf *die* Hinterbeine
> stellen, sich *den* Kopf über/wegen etw. zerbre-
> chen, sich etw. in *den* Kopf setzen, sich an
> *den* Kopf fassen, sich etw. aus *dem* Kopf
> schlagen – Besser (sich) *den* Arm brechen als
> *den* Hals.

c) die Possessivitäts- bzw. Pertinenzrelation zu D 18.3.c.
einem anderen Satzglied ohne grammatische
Reflexivität:

> jem. etw. *ans* Herz legen, den Stier bei *den*
> Hörnern packen, jem. an *der* Nase herumfüh-
> ren, das Glück *beim* Schopfe packen, jem. *im*
> Wege stehen, jem. *beim* Wort nehmen – Wer
> den Aal hält *beim* Schwanz, hat ihn weder
> halb noch ganz.

4. wenn das Substantiv im Phraseologismus durch ein D 18.4.
zum Phraseologismus gehörendes **Attribut** bzw.
einen Nebensatz eindeutig identifiziert wird (vgl.
D 13):

> *die* erste Geige spielen, *im* siebenten Himmel
> sein, mit *dem* linken Bein zuerst aufgestanden
> sein, die Dinge *beim* rechten Namen nennen,
> *den* gestrigen Tag suchen, *das* Ei des Kolum-
> bus, *der* Stein des Anstoßes; *den* Ast absägen,
> auf dem man sitzt – Die Wahrheit ist *der* be-
> ste Advokat. – *Der* Weg zur Hölle ist mit gu-
> ten Vorsätzen gepflastert.

Beachte:
1) Besonders Fremdsprachler sollten sich immer be-
wußt sein, daß der Artikel in Phraseologismen fest

lexikalisiert ist. Er muß mit dem Phraseologismus zusammen als Vokabel gelernt werden und ist im Zweifelsfall entsprechenden Wörterbüchern zu entnehmen. Bei ein und demselben Substantiv können in verschiedenen Phraseologismen unterschiedliche Artikel lexikalisiert sein, z. B. beim Wort *Auge:*

die Augen in die Hand nehmen, *die* Augen vor etw. verschließen, etw. *im* Auge behalten / haben, etw. *ins* Auge fassen; aber: *ein* Auge zudrücken, *große Augen* machen, etw. *mit anderen Augen* sehen.

Trotz gleicher semantischer und/oder grammatischer Bedingungen können unterschiedliche Artikel lexikalisiert sein:

die Katze *im* Sack kaufen, aber: aus *einer* Mücke *einen* Elefanten machen; um etw. herumgehen wie *die* Katze um *den* heißen Brei, aber: auftauchen wie *ein* Blitz *aus heiterem Himmel*; *die* erste Geige spielen, aber: etw. *aus erster Hand* wissen − Wie *der* Anfang, so *das* Ende. Aber: *Ende* gut, alles gut.

Unterschiedliche semantische und/oder grammatische Bedingungen können sich selbstverständlich auch in unterschiedlichen Artikellexikalisierungen spiegeln:

die Kastanien aus dem Feuer holen, aber: *Öl* ins Feuer gießen / schütten; sich an *den* Kopf fassen, aber: sich an *einen* Strohhalm klammern − *Der* Wein hält nichts geheim. Aber: *Wein* macht zum Schwein.

2) In wenigen Fällen kann in Phraseologismen zwischen dem bA und dem Possessivum *sein* gewählt werden, z. B.:

die/seine Karten offen auf den Tisch legen, *die/seine* Nase in etw. (hinein-)stecken

In einigen anderen Phraseologismen (besonders häufig in Sprichwörtern) sind nur artikelähnliche Wörter lexikalisiert, der bA ist ausgeschlossen, z. B.:

jem. unter *seine* Fittiche nehmen, sich auf *sei-*

nen Lorbeeren ausruhen – *Aller* Anfang ist schwer. – *Jeder* Krämer lobt *seine* Ware.

3) Zum Artikelgebrauch in anderen Phraseologismen vergleiche besonders E 12 und N 25. Zum Artikelgebrauch in Funktionsverbgefügen vergleiche D 14, E 9 und N 15.

2. Unbestimmter Artikel (= uA)

2.1. Außersprachliche Situation und Gebrauch des uA

E 1

Der uA steht vor Substantiven im Singular, die **einen einzelnen von mehreren möglichen Gegenständen** bezeichnen, ohne daß dieser Gegenstand in der betreffenden Kommunikationssituation eindeutig identifiziert werden kann oder soll.

Ist hier in der Nähe *eine* Telefonzelle? – Gib mir bitte *eine* Zeitung! – *Ein* junger Mann hat nach Ihnen gefragt. – Ich erwarte *einen* Anruf.

Unter der Bedingung – IDENT SIT KOMMUNIK 1 GEGST steht der uA.

Regel E 1 gilt insbesondere,

1. wenn der Sprecher nicht weiß, ob ein entsprechender Gegenstand in der Kommunikationssituation überhaupt vorhanden ist. Es gilt das Merkmal – SPEZ (vgl. dazu E 3 ◆ 2):

E 1.1

Ist hier in der Nähe *eine* Telefonzelle? – Gibt es in der Stadt auch *ein* Theater? – Ist unter Ihnen *ein* Arzt? – Wir haben lange nach *einem* japanischen Wörterbuch gesucht, aber wir haben keins gefunden.

E 1

E 1.2.

2. wenn der Sprecher einen beliebigen Gegenstand aus einer (vorhandenen oder denkbaren) Menge gleichartiger Gegenstände meint. Er könnte den Satz immer fortsetzen: „… gleichgültig, welches/was für eins". Es gelten die Merkmale − SPEZ + BELIEBIG (vgl. dazu E 3 ♦ 2):

> Gib mir bitte *eine* Zeitung, damit keine Farbe auf den Fußboden tropft! − Dazu brauche ich unbedingt *eine* Zange. − Kannst du mir mal *einen* Kugelschreiber borgen?

E 1.3.

3. wenn der Sprecher auch für sich (vorläufig) auf die Identifizierung eines bestimmten Gegenstandes aus einer Menge gleichartiger Gegenstände verzichtet oder wenn er selbst diese Identifizierung (noch) nicht vornehmen kann. Es gilt das Merkmal + SPEZ (vgl. dazu E 3 ♦ 2):

> *Ein* junger Mann hat nach Ihnen gefragt. Ich weiß aber nicht, wer er war und was er wollte. − Peter will *ein* Auto kaufen. − Der Redakteur hat mich zu *einem* Gespräch eingeladen. − Vielleicht schenken wir ihr zum Geburtstag *ein* Buch.

E 1.4.

4. wenn der Sprecher einen bestimmten Gegenstand aus einer Menge gleichartiger Gegenstände für sich identifiziert bzw. identifizieren kann, eine Identifizierung dieses Gegenstands für den Hörer aber (vorläufig) für unnötig bzw. unangebracht hält. Es gelten die Merkmale − IDENT + FIKTIV + SPEZ (vgl. dazu E 3 ♦ 2):

> Wir haben auch *ein* Auto. − Wir haben in Dresden *einen* Bekannten. − Gestern habe ich mir *ein* herrliches Buch gekauft. − Ich habe gesehen, wer das Fenster eingeschlagen hat: Es war *ein* Junge aus unserer Nachbarschaft. − Ich erwarte *einen* Anruf. Sagen Sie bitte, daß ich gegen 15 Uhr wieder im Büro bin.

1) Wenn in der gleichen Weise mehrere beliebige Gegenstände aus einer größeren Menge gleichartiger Gegenstände bezeichnet werden, steht der NA (+ Plural; vgl. N 1). Auch artikelähnliche Wörter (+ Plural) sind möglich: *einige, mehrere, etliche*:

> Sind unter Ihnen auch *Ärzte*? – *(Einige)* junge Leute haben nach Ihnen gefragt.

2) Das Merkmal − IDENT setzt voraus, daß insbesondere die Bedingungen für die Regeln D 1 bis D 5, D 7, D 8 und D 13 nicht zutreffen. Folgende (Grenz-)Fälle sind dabei besonders zu beachten:

a) Wenn Unika (vgl. bes. D 1) als „normale" (d. h. nichtunikale) Appellativa gebraucht werden, können sie entsprechend E 1 auch mit dem uA stehen:

> Kannst du *eine* Sonne malen? Aber: Mit diesem Apparat kann man sogar *die* Sonne fotografieren.

b) Wenn ein Gegenstand durch seine Beziehung zu einem anderen Gegenstand nicht eindeutig identifiziert wird (vgl. D 2), steht das betreffende Substantiv entsprechend E 1 mit dem uA:

> Auf dem Boden lag *eine* Seite eines Buches. Aber: Auf dem Boden lag *der* Schutzumschlag eines Buches.

c) Wenn ein Gegenstand durch seine räumliche bzw. zeitliche Situierung im Kommunikationsakt nicht eindeutig identifiziert wird (vgl. D 4), steht das betreffende Substantiv entsprechend E 1 mit dem uA:

> Kannst du dir *einen* Abend in *einem* abgelegenen Bergdorf vorstellen? Aber: Der Unfall ereignete sich *am* Sonntag abend in *der* Inneren Westvorstadt.

d) Wenn ein Attribut, eine Infinitivgruppe oder ein Nebensatz keine eindeutige Identifizierung vornimmt (vgl. D 13), steht entsprechend E 1 der uA:

Auch Peter hat beim Sportfest *einen* zweiten Platz belegt. Aber: Monika hat beim 100-Meter-Lauf *den* zweiten Platz belegt. – Bekomme ich von dir auch einmal *eine* richtige Antwort? Aber: Ist das *der* richtige Schlüssel? – Berlin ist *eine* attraktive Hauptstadt. Aber: Berlin ist *die* Hauptstadt der DDR. – Er hatte plötzlich *eine* Idee, die ihm niemand zugetraut hätte. Aber: Er hatte plötzlich *die* Idee, bei 20 Grad Kälte im Fluß zu baden.

3) Unter den in E 1.1. bis E 1.3. formulierten Bedingungen kann der uA auch durch *irgendein* ersetzt werden (vgl. auch E 3 ♦ 2 und E 6 ♦ 1):

Wir haben lange nach *irgendeinem* japanischen Wörterbuch gesucht, aber ohne Erfolg. – Gib mir bitte *irgendeine* Zeitung! – *Irgendein* Mann hat nach Ihnen gefragt.

Unter der in E 1.4. formulierten Bedingung ist dieser Ersatz nicht möglich. Ein Ersatz des uA durch *dieser/jener, jeder, mein* usw. ist ausgeschlossen. Wird das Wort *ein* mit *dieser/jener* kombiniert, dann handelt es sich nicht um den uA, sondern um das Numerale *ein* (vgl. E 3 ♦ 4):

Wir haben in der Nähe nur eine Telefonzelle. Nun ist *diese eine* Telefonzelle auch noch kaputt.

Auch in Kombination mit *einzig* ist *ein* als Numerale zu interpretieren:

Im Regal lag *ein einziges* Buch.

4) Entsprechend E 1.3. werden auch Personennamen mit dem uA gebraucht, wenn der Sprecher ausdrücklich seine Unkenntnis/Uninformiertheit hervorheben will. (Zum üblichen Gebrauch des NA bei Personennamen vgl. N 23.3. zum Gebrauch des bA bei Personennamen vgl. D 1.5. und D 6):

Da hat jemand nach *einer* Monika Müller gefragt. Ich weiß überhaupt nicht, wer das sein soll. – Am Telefon hat sich *ein* (gewisser) Herr Lehmann gemeldet. – Ich soll mich an *einen* Dr. Meier wenden.

5) Zum Gebrauch des bA unter der zu E 1 kontrastierenden Bedingung + IDENT vergleiche besonders D 8.

2.2. Sprachlicher Text und Gebrauch des uA

Der uA steht vor Substantiven im Singular, die einen einzelnen Gegenstand bezeichnen, der **neu in einen Text eingeführt** wird und nicht durch Unikalität oder Attribuierung das Merkmal + IDENT (vgl. D 1 bis D 5, D 8, D 13) erhält.

Der mit dem uA neu eingeführte Gegenstand gilt im weiteren Textverlauf als vorerwähnt und damit als + IDENT. Substantive, die etwas mit dem uA Vorerwähntes im Textverlauf wiederaufnehmen, stehen entsprechend D 7 mit dem bA. (Zu Abweichungen von dieser Regel vgl. ♦ 3 bis ♦ 6.)

> Die Verkehrspolizei berichtet
> Am Montag kam es in der Bahnhofstraße zu *einem* schweren Verkehrsunfall. An dem Unfall waren *ein* Pkw und *eine* Straßenbahn beteiligt. Der Fiat hatte die Vorfahrt der Straßenbahn mißachtet ... (Nach einer Zeitungsmeldung)

> Dornröschen
> Vorzeiten war *ein* König und *eine* Königin, die sprachen jeden Tag: „Ach, wenn wir doch *ein* Kind hätten", und kriegten immer keins. Da trug sich zu, als die Königin einmal im Bade saß, daß *ein* Frosch aus dem Wasser ans Land kroch und zu ihr sprach ... (Nach: Brüder Grimm, Kinder- und Hausmärchen)

Unter der Bedingung − IDENT PRÄKONTEXT 1 GEGST steht der uA.

Beachte:
1) Der uA steht entsprechend E 2 auch bei nur scheinbarer kontextueller Vorerwähnung eines Gegen-

standes. In Wirklichkeit bezeichnet dasselbe Substantiv aber verschiedene Gegenstände (vgl. D 7 ♦ 3):

> Peter: „Wir haben uns jetzt *ein* Auto gekauft."
> Monika: „Wir haben zwar auch *ein* Auto, aber wir benutzen es eigentlich viel zu selten." – Wir standen schon zwei Stunden auf dem Bahnsteig, aber *der* Zug kam nicht. Nach weiteren zwanzig Minuten kam endlich *ein* Zug, doch es war nicht unserer, sondern ein Personenzug nach Dresden.

Auch bei nur unterschiedlichem Spezifizierungsgrad (z. B. im ersten Satz + BELIEBIG und im zweiten Satz − BELIEBIG, aber Identifizierung irrelevant oder unmöglich; vgl. dazu E 3 ♦ 2) bleibt das Merkmal − IDENT und damit der uA trotz scheinbarer Vorerwähnung erhalten:

> Monika wollte gern *eine* Puppe (+ BELIEBIG) haben. Als sie dann *eine* hübsche Puppe (− BELIEBIG) bekam, spielte sie nicht damit. Die Puppe (+ IDENT) lag den ganzen Tag in der Ecke. Monika würdigte sie nicht eines Blickes.

2) Unter den in E 1.1. bis E 1.3. formulierten Bedingungen kann der uA durch *irgendein* ersetzt werden (vgl. auch E 1 ♦ 3 und E 3 ♦ 2):

> Monika wollte gern *irgendeine* Puppe haben. Als sie dann *eine* Puppe bekam, spielte sie nicht damit. – Peter erwachte in *irgendeinem* fremden Haus. Draußen krähte *irgendein* Hahn. – Nach zwanzig Minuten kam endlich *irgendein* Zug, doch es war nicht der Schnellzug nach Prag.

3) Der uA steht nicht bei solchen Substantiven, die zwar einen einzelnen Gegenstand neu in den Text einführen, die aber aufgrund bestimmter situativer, semantischer, grammatischer oder lexikalischer Bedingungen obligatorisch den bA bzw. den NA haben. Das betrifft insbesondere

a) Unika (einschl. Eigennamen) mit dem (lexikalisierten) bA (vgl. D 1 bis D 5, D 17) oder dem (lexikalisierten) NA (vgl. N 23, N 24):

Peter erwachte in einem fremden Haus. Draußen krähte ein Hahn. *Die* Sonne mußte gerade erst aufgegangen sein. – Wir fahren im Urlaub in *die* Tschechoslowakei oder *nach Ungarn*. – Gibt es hier in *der* Nähe eine Tankstelle? – Sie können leider nicht anrufen, denn *das* Telefon ist kaputt. – *Am* vergangenen Montag kam es in *der* Bahnhofstraße zu einem schweren Verkehrsunfall.

b) Substantive, die durch ein Attribut, eine Infinitivgruppe oder einen Nebensatz das Merkmal + IDENT erhalten (vgl. D 13 und im Kontrast dazu E 8, N 13):

Peter raucht jetzt schon *die* zehnte Zigarette an diesem Abend. – Monika wird sich noch lange an *den* gestrigen Abend erinnern. – Plötzlich hatte er *die* Idee, bei 20 Grad Kälte im Fluß zu baden.

c) Substantive, die in bestimmten grammatischen Konstruktionen mit dem bA (vgl. D 14 bis D 16) oder mit dem NA (vgl. N 11 und N 13 bis N 22) stehen:

Peter hat dieses Problem noch einmal *zur* Diskussion gestellt. – Peter hat seine Schuld *in Abrede* gestellt. – *Am* nächsten Sonnabend findet kein Unterricht statt. – *Vorigen Sonnabend* fand kein Unterricht statt.

d) Substantive in Phraseologismen, die entsprechend D 18 mit dem bA oder entsprechend N 25 mit dem NA stehen:

Er will immer *die* erste Geige spielen. – Man soll *den* Tag nicht vor *dem* Abend loben. – Angeblich weiß sie das *aus erster Hand*. – *Ende* gut, alles gut.

4) Der uA steht nicht bei solchen Substantiven, die zwar einen neuen Gegenstand in den Text einführen, die aber aufgrund ihrer ungegliederten Bedeutung nur mit dem NA (vgl. N 5) bzw. mit dem bA

(vgl. D 1.6., D 12.4.) stehen können. Das betrifft insbesondere Stoffbezeichnungen und zahlreiche Abstrakta:

> Plötzlich tropfte *Wasser* von der Decke. Aber: Plötzlich fiel *ein* Stück Putz von der Decke. – Dazu braucht man *Geduld*. Aber: Dazu braucht man *eine* Zange.

5) Die Reihenfolge uA (bei Ersterwähnung) – bA (bei Wiederaufnahme) ist für Substantive in generalisierenden Äußerungen (vgl. D 9 bis D 11, E 4 bis E 7, N 6 bis N 9) nicht bindend. Die Artikelwahl hängt ausschließlich vom Generalisierungstyp ab (vgl. ausführlich D 7 ♦ 5). Insbesondere Substantive in typisierenden Generalisierungen (vgl. D 10) und in partiellen Typisierungen (vgl. D 11) können auch bei Ersterwähnung niemals den uA haben:

> *Der* Wal ist das größte Säugetier der Erde …. – Peter kommt nächstes Jahr in *die* Schule. Wir wissen noch nicht, in welche Schule er gehen wird, wahrscheinlich aber in die Goetheschule.

6) In der künstlerischen Literatur kann aus stilistischen u. a. Gründen von Regel E 2 abgewichen werden. Vergleiche dazu ausführlich D 7 ♦ 7.

7) Substantive im Plural werden unter analogen Bedingungen mit dem NA neu in einen Text eingeführt. Auch artikelähnliche Wörter mit dem Merkmal − IDENT sind möglich (vgl. N 3, N 10):

> Als wir auf dem Bahnsteig warteten, kamen immer wieder *Züge*, aber leider unserer nicht. – Am Montag kam es zu *(einigen)* schweren Verkehrsunfällen, bei denen auch *(mehrere)* Verletzte zu beklagen waren.

8) Zum Gebrauch des bA unter der zu E 2 kontrastierenden Bedingung + IDENT PRÄKONTEXT vergleiche besonders D 7. Zum Gebrauch des NA vergleiche N 3 und N 10.

Der uA steht vor Substantiven im Singular, die **einen einzelnen von mehreren möglichen Gegenständen** bezeichnen, ohne daß dieser Gegenstand eindeutig identifiziert werden kann oder soll.

> Ist hier in der Nähe *eine* Telefonzelle? – Gib mir bitte *eine* Zeitung! – *Ein* junger Mann hat nach Ihnen gefragt. – Wir haben in Dresden *einen* Bekannten. – Sie können uns an *einem* beliebigen Wochenende besuchen. – Er sprach mit *einer* Schnelligkeit, daß man ihm kaum folgen konnte. – Am vergangenen Montag kam es in der Bahnhofstraße zu *einem* schweren Verkehrsunfall.

Unter der Bedingung − IDENT 1 GEGST steht prinzipiell der uA. Im unmittelbaren Kontrast zu dieser Regel steht D 8. Da das Merkmal − IDENT Resultat unterschiedlicher Bedingungen sein kann, stellen wir seine Konsequenzen für den Gebrauch des uA auch in verschiedenen Regeln ausführlich dar (vgl. E 1, E 2 und E 8). In Regel E 3 geben wir eine kurze zusammenfassende **Übersicht.**

Der uA steht aufgrund des Merkmals − IDENT insbesondere dann,

1. wenn ein einzelner von mehreren möglichen Gegenständen bezeichnet wird, ohne daß dieser Gegenstand in der betreffenden **Kommunikationssituation** eindeutig identifiziert werden kann oder soll (vgl. E 1):   E 3.1.

> Ist unter Ihnen *ein* Arzt? – Dazu brauche ich unbedingt *eine* Zange. – *Ein* junger Mann hat nach Ihnen gefragt. – Ich erwarte *einen* Anruf.

2. wenn ein einzelner von mehreren möglichen Gegenständen bezeichnet wird, der durch ein **Attribut,**   E 3.2.

einen Nebensatz oder andere sprachliche Mittel das Merkmal − IDENT erhält (vgl. E 8):

> Sie können dazu *eine* beliebige Zange verwenden. − Meiers haben *einen* größeren Garten als Lehmanns. − So *ein* Pech! − Er sprach mit *einer* Schnelligkeit, daß man ihm kaum folgen konnte. − Der Wissenschaftler arbeitet zur Zeit an *einer* neuen Grammatik der deutschen Sprache.

E 3.3. 3. wenn ein einzelner Gegenstand **neu in einen Text eingeführt** wird und nicht durch Unikalität oder Attribuierung das Merkmal + IDENT erhält (vgl. E 2):

> Die Verkehrspolizei berichtet
> Am vergangenen Montag kam es in der Bahnhofstraße zu *einem* schweren Verkehrsunfall. An dem Unfall waren *ein* Pkw und *eine* Straßenbahn beteiligt. Der Fiat hatte die Vorfahrt der Straßenbahn mißachtet .... (Nach einer Zeitungsmeldung)

Beachte:

1) Substantive im Plural stehen unter analogen Bedingungen mit dem NA (vgl. N 5 und N 10):

> Als wir auf dem Bahnsteig warteten, kamen immer wieder *Züge*, aber unserer leider nicht. − Man könnte sich für dieses Problem auch *andere Lösungen* vorstellen.

2) Das Merkmal − IDENT kann durch zusätzliche Merkmale weiter präzisiert werden. Diese präzisierenden Merkmale haben keinen Einfluß auf den Gebrauch des uA, wohl aber auf Möglichkeiten seiner synonymischen Ersetzung durch andere artikelähnliche Wörter und auf die Art der Wiederaufnahme eines mit dem uA in den Text eingeführten Substantivs. Es sind vor allem die folgenden Merkmale:

a) − SPEZ: Das Merkmal UNSPEZIFIZIERT gilt für (beliebige) Gegenstände, die zwar über die

für ihre Klasse typischen Eigenschaften verfügen, von deren tatsächlicher und individueller
Existenz der Sprecher aber unter Umständen
nichts Genaues weiß. Für seine Kommunika-
tionsabsicht genügt – falls vorhanden – ein beliebiger Gegenstand mit diesen für die Klasse typischen Eigenschaften (vgl. OOMEN 1977;
GRUNDZÜGE 1981):

> Ist unter Ihnen *ein* Arzt? – Gib mir bitte *eine*
> Zeitung, damit keine Farbe auf den Fußbo-
> den tropft!

Der uA kann durch *irgendein* (bzw. *irgendwelche*
im Plural) ersetzt werden (vgl. aber E 6 ♦ 1):

> Gib mir bitte *eine/irgendeine* Zeitung! – Gib
> mir bitte *irgendwelche* Zeitungen!

Ein Substantiv mit dem Merkmal − SPEZ kann
durch dasselbe Substantiv mit dem uA oder
durch substantivisch gebrauchtes *ein* wiederaufgenommen werden, nicht aber durch ein Personalpronomen:

> Monika: „Gib mir bitte *eine* Zeitung!" Peter:
> „Ich sehe mal nach, ob ich *eine* Zeitung / *eine*
> finde."

b) + SPEZ: Das Merkmal SPEZIFIZIERT gilt für
Gegenstände, von deren realer und individueller
Existenz der Sprecher/Schreiber weiß, auch
wenn er sie nicht eindeutig identifizieren kann
oder will (vgl. OOMEN 1977; GRUNDZÜGE
1981):

> *Ein* junger Mann hat nach Ihnen gefragt. –
> Wir haben in Dresden *einen* Bekannten.

Ein Substantiv mit dem Merkmal + SPEZ kann
durch dasselbe oder ein bedeutungsnahes Substantiv mit dem bA oder *dieser/jener* oder durch
ein Personalpronomen wiederaufgenommen
werden (vgl. D 7):

> *Ein* junger Mann hat nach Ihnen gefragt. *Der/
> dieser/jener* Mann / *er* hat sich mir aber nicht
> vorgestellt.

Die Ersetzbarkeit des uA durch *irgendein* ist an

das zusätzliche Merkmal − IDENTIFIZ S/S gebunden (siehe unten).

c) − IDENTIFIZ S/S: Das Merkmal NICHT
IDENTIFIZIERBAR DURCH SPRECHER/
SCHREIBER gilt für Gegenstände mit dem
Merkmal + SPEZ, die der Sprecher oder Schrei-
ber nicht exakt/eindeutig identifizieren kann:

>Ein Mann hat am Telefon nach Ihnen gefragt.
>Ich weiß aber nicht, wer er war und was er
>wollte.

Der uA kann durch *irgendein* ersetzt werden (vgl.
aber E 6 ♦ 1):

>*Irgendein* Mann hat am Telefon nach Ihnen
>gefragt. Ich weiß aber nicht, wer er war und
>was er wollte.

d) + IDENTIFIZ S/S: Das Merkmal IDENTIFI-
ZIERBAR DURCH SPRECHER/SCHREIBER
gilt für Gegenstände mit dem Merkmal + SPEZ,
die der Sprecher oder Schreiber tatsächlich eindeutig identifizieren kann, auch wenn er diese
Identifizierung nicht vornimmt oder vornehmen
will:

>Wir haben in Dresden *einen* Bekannten. −
>Monika hat *einen* Bruder und *eine* Schwe-
>ster. − Gestern habe ich mir *ein* herrliches
>Buch gekauft.

Ein Ersatz des uA durch *irgendein* ist nicht möglich.

3) Soll ausdrücklich auf bestimmte Eigenschaften
eines Gegenstands mit dem Merkmal − IDENT
vergleichend Bezug genommen werden, dann wird
der uA durch *so ein, ein solcher* oder *solch ein* ersetzt:

>Kannst du mir auch *so eine/eine solche/solch*
>*eine* Zange besorgen? − Ich habe auch *so eine/*
>*eine solche/solch eine* Zange.

In Ausrufen ohne Prädikat steht in der Regel *so ein*
oder *was für ein*:

>*So eine* Enttäuschung! − *So ein* Dummkopf! −
>*Was für ein* Pech!

In ähnlichen Ausrufen mit Prädikat steht der uA:

Das war *eine* Enttäuschung! – Dort herrschte *ein* Betrieb! – Das war *ein* Treiben! – Habe ich *einen* Durst!

(Vgl. dazu auch E 7.3.c.)

4) Das Wort *ein* kann nicht nur als uA verwendet werden. Es kann u. a. auch gebraucht werden als

a) Numerale:

Die Versammlung hat (genau) *eine* Stunde gedauert. – Sie hat nur mit *einem* Ohr hingehört. – Er war nicht *einen* (einzigen) Tag krank.

b) Adjektiv:

Der *eine* Redner erhielt besonders viel Beifall, die anderen fanden wenig Zustimmung. – Sie sind in *einem* (= im gleichen) Alter. – Ich kann Sie mitnehmen, wir haben ohnehin *einen* (= denselben) Weg.

c) substantivisches Pronomen:

Einer begreift es schneller, bei den anderen dauert es etwas länger. – *Einer* ihrer Brüder wohnt in Dresden.

Diese Verwendungsweisen, in denen *ein* im Unterschied zum uA meist betont wird, werden hier nicht näher behandelt.

5) Die ausführlichen Regeln werden unter E 1, E 2 und E 8 dargestellt. Dort finden sich auch wichtige Teilregeln sowie Hinweise auf Abweichungen von diesen Regeln und Bedingungen für den Ersatz des uA durch artikelähnliche Wörter.

Der uA kann in generalisierenden Äußerungen vor einem Substantiv im Singular stehen, wenn das Substantiv zugleich die Gesamtheit aller durch dieses Substantiv bezeichenbaren Gegenstände und jeden einzelnen Gegenstand dieser Gesamtheit benennt.

Man nennt solche Generalisierungen **effektiv-distributive Generalisierungen** (vgl. D 9).

Eine Tanne ist ein Nadelbaum. – *Ein* Auto ist ein Verkehrsmittel. – *Ein* Quadrat ist ein Viereck.

Unter der Bedingung GENER EFF.-DISTRIB kann bei einem Substantiv im Singular mit gegliederter Bedeutung (d. h. einem pluralfähigen Substantiv) der uA stehen. Er kann nicht bei Substantiven mit ungegliederter Bedeutung (besonders bei Unika, Stoffbezeichnungen und Abstrakta) stehen:

> *Der* Äquator ist eine gedachte Linie, die die Erde in eine nördliche und eine südliche Hälfte teilt. – *(Das)* Salz ist ein Ablagerungsprodukt. – *(Der)* Frieden ist das höchste Gut der Menschheit.

Pluralfähige Substantive (d. h. Substantive mit gegliederter Bedeutung) können unter der Bedingung GENER EFF.-DISTRIB ohne wesentlichen Bedeutungsunterschied auch mit dem bA (+ Singular oder Plural; vgl. D 9), mit dem NA (+ Plural; vgl. N 6), mit *jeder* (+ Singular) und mit *alle* (+ Plural) gebraucht werden:

> *Die/jede* Tanne ist ein Nadelbaum. Oder: *(Die/alle)* Tannen sind Nadelbäume.

Der uA rückt die Bedeutung der Äußerung in die Nähe exemplarischer Generalisierungen (vgl. E 5).

Beachte:
1) Werden zwei Substantive durch *und* miteinander verbunden, können sie auch mit dem NA (+ Singular; vgl. N 12) stehen:
   > *(Ein)* Hund und *(eine)* Katze sind Haustiere.
2) In manchen Konstruktionen wird trotz prinzipieller Wahlmöglichkeit des Artikels in effektiv-distributiven Generalisierungen der uA bevorzugt. Das gilt insbesondere für
   a) Fragen mit *was ist*:
   > Was ist *ein* Bunsenbrenner?
   b) Antworten auf Fragen mit *was ist*:

> *Ein* Bunsenbrenner ist ein Gasgerät, das man .... – Unter *einem* Bunsenbrenner versteht man ein Gasgerät, das man ....

In anderen Konstruktionen steht aber der NA (vgl. N 6):

> *Bunsenbrenner* heißt ein Gasgerät, das man .... – *Bunsenbrenner* nennt man ein Gasgerät, das man .... – *Als Bunsenbrenner* bezeichnet man ein Gasgerät, das man ....

3) Die Artikelfolge uA (bei Ersterwähnung) – bA (bei Wiederaufnahme) ist in Generalisierungen nicht bindend (vgl. besonders D 9 ♦ 3 und zur Artikelfolge in nichtgeneralisierenden Texten D 7 und E 2).

4) Zu weiteren Bedingungen für den Artikelgebrauch in effektiv-distributiven Generalisierungen vergleiche ausführlich D 9.

> Der uA steht in Generalisierungen vor einem Substantiv im Singular, das einen (beliebigen) einzelnen Gegenstand aus einer Gesamtheit gleichartiger Gegenstände beispielhaft (= exemplarisch) für diese Gesamtheit setzt.

Man nennt solche Generalisierungen **exemplarische Generalisierungen**.

> *Ein* Kind kann das noch nicht begreifen. – *Ein* komfortables Haus kostet viel Geld. – *Ein* Sonnenuntergang am Meer ist ein großes Erlebnis. – So kann nur *ein* Bär brummen. – *Ein* alter Mann ist doch kein Schnellzug! – *Ein* gebranntes Kind fürchtet das Feuer.

Unter der Bedingung GENER EXEMPL steht bei einem Substantiv im Singular der uA. Im Plural steht unter der gleichen Bedingung der NA (vgl. N 7 und N 10):

> *Kinder* können das noch nicht begreifen. – So können nur *Bären* brummen.

E 5

E 5.1.

1. Äußerungen, in denen bestimmte (klischeehafte und oft unrichtige) **Verhaltensnormen** festgelegt oder vermittelt werden (vgl. Oomen 1977):

> *Ein* Mädchen kaut nicht an den Fingernägeln! – *Ein* Junge weint nicht! – *Ein* Vater muß auch streng sein können. – *Ein* Feuerzeug ist nichts für Kinder. – So etwas sagt *ein* anständiger Mensch nicht.

E 5.2.

2. Äußerungen, in denen bestimmte (klischeehafte und oft unrichtige) **Verallgemeinerungen über Gruppen** von Menschen, Tieren oder Gegenständen formuliert oder vermittelt werden (vgl. Oomen 1977):

> *Eine* Frau fährt schlechter Auto als *ein* Mann. – *Einem* Zigeuner liegt die Musik im Blut. – *Ein* Tier ist eben dumm. – *Ein* Auto ist ein/kein Statussymbol.

E 5.3.

3. zahlreiche **Sprichwörter** (vgl. D 10.2. und E 12):

> *Ein* gebranntes Kind fürchtet das Feuer. – *Einen* alten Baum verpflanzt man nicht. – Auf *eine* dumme Frage gehört *eine* dumme Antwort. – *Ein* kleines Etwas ist besser als *ein* großes Garnichts. – *Ein* Handwerker zu Fuß ist größer als *ein* Edelmann zu Pferde.

E 5.4.

4. zahlreiche **phraseologische Wendungen,** insbesondere solche, die einen Vergleich enthalten (vgl. D 10.3. und E 12):

> sich wohlfühlen wie *ein* Fisch im Wasser, wie *eine* Seifenblase zerplatzen, wie *eine* bleierne Ente schwimmen, Hunger haben wie *ein* Wolf; aus *einer* Mücke *einen* Elefanten machen, *eine* Stecknadel im Heuhaufen suchen

1) Der Artikelgebrauch in phraseologischen Wendungen und Sprichwörtern ist lexikalisiert, d. h. mit der Wendung usw. ist in der Regel auch der Artikel fest vorgegeben ·und kann vom Sprecher/Schreiber nicht verändert werden (vgl. dazu ausführlich D 18, E 12, N 25).

2) In manchen Fällen kann annähernd der gleiche Inhalt sowohl durch eine exemplarische als auch durch eine typisierende Generalisierung ausgedrückt werden. Das betrifft besonders klischeehafte Äußerungen über Angehörige bestimmter Völker (vgl. auch D 10 ♦ 3):

> *Einem/dem* Zigeuner liegt die Musik im Blut.

3) Der uA kann in exemplarischen Generalisierungen nicht durch artikelähnliche Wörter ersetzt werden.

4) Zu Ersterwähnung und Wiederaufnahme vergleiche E 4 ♦ 3.

Der uA steht in nichtgeneralisierenden Äußerungen vor einem Substantiv im Singular, das einen (beliebigen) einzelnen Gegenstand aus einer Gesamtheit gleichartiger Gegenstände beispielhaft (= exemplarisch) für diese Gesamtheit setzt.

Man könnte in Anlehnung an E 5 und D 11 auch von **partiell exemplarischen Äußerungen** sprechen. Sie kommen vor allem in (frei konstruierbaren) Vergleichen mit *wie* u. ä. vor:

> Dieses Mädchen ist schön wie *eine* Rose. – Peter sah heute aus wie *ein* Schornsteinfeger. – Sie singt wie *eine* Lerche. – Er klettert wie *ein* richtiger Bergsteiger. – Er wirkt wie *ein* Boxer. – Er spricht wie *ein* Ausländer. – Im Zimmer war es dunkel wie in *einem* Keller. – Für *einen* Ausländer spricht er sehr gut Deutsch.

Unter der Bedingung EXEMPL PART steht der uA. Im Plural steht unter der gleichen Bedingung der NA (vgl. N 8):

> Die Kinder sahen aus wie *kleine Schornsteinfeger*.

Beachte:

1) Regel E 6 berührt sich sowohl mit E 1 bzw. E 3 als auch mit E 5. Im Unterschied zu E 1 bzw. E 3 ist aber ein Ersatz des uA durch *irgendein* grundsätzlich ausgeschlossen, vergleiche:

> Er klettert wie *ein* richtiger Bergsteiger. (= E 6) Aber: In den Felsen konnten wir *einen/irgendeinen* Bergsteiger beobachten. (= E 1 bzw. E 3)

Von E 5 unterscheidet sich E 6 dadurch, daß nicht die gesamte Äußerung generalisierend verstanden wird, sondern daß nur ein Teil der Äußerung (nämlich der Vergleich) eine Verallgemeinerung enthält, vergleiche:

> Mit ihren kurzen Haaren sieht Monika aus wie *ein* Junge. (= E 6) Aber: *Ein* Junge weint nicht! (= E 5)

2) Auch übertragen gebrauchte Eigennamen können partiell exemplarisch verwendet werden:

> Er dichtet wie *ein* Goethe. – Sie benimmt sich wie *eine* Xanthippe.

3) Der uA kann unter den Bedingungen von E 6 nicht durch artikelähnliche Wörter ersetzt werden.

E 7

> Der uA steht vor einem Substantiv im Singular, das eine Gesamtheit (Klasse) von Gegenständen bezeichnet, in die ein einzelner Gegenstand oder ein gesamter Typ von Gegenständen (**klassifizierend**) **eingeordnet** wird.

> Die/eine Tanne ist *ein* Nadelbaum. – (Das) Salz ist *ein* Ablagerungsprodukt. – Das Wort Tisch ist *ein* Substantiv. – Das ist *ein* Schaukelstuhl. – Das ist *ein* interessantes Pro-

blem. – Dieses Bild ist *ein* echter Rembrandt. – Du bist *ein* Dummkopf! – Er ist manchmal *ein* richtiger Schauspieler.

Unter der Bedingung KLASSIF steht vor einem Substantiv im Singular der uA. Im Plural steht unter der gleichen Bedingung der NA (vgl. N 9):

> (Die) Tannen sind *Nadelbäume*. – Diese Wörter sind *Substantive*. – Das sind *interessante Probleme*. – Ihr seid *Dummköpfe*!

Regel E 7 gilt insbesondere,

1. wenn in einer generalisierenden Äußerung eine Klassifizierung vorgenommen wird. In diesem Falle gelten die Merkmale GENER KLASSIF:

E 7.1.

> Die/eine Tanne ist *ein* Nadelbaum. – (Das) Salz ist *ein* Ablagerungsprodukt. – Gelb ist *eine* Farbe. – Das Wort Tisch ist *ein* Substantiv.

2. wenn ein realer und individueller Gegenstand einer Klasse von Gegenständen zugeordnet wird (vgl. im Unterschied dazu D 10):

E 7.2.

> Das ist *ein* Bild. – Dieses Wort ist *ein* Substantiv. – Das ist *ein* interessantes Problem.

3. wenn Personenbezeichnungen klassifizierend gebraucht werden:

E 7.3.

> Monika ist noch *ein* Kind.

Personenbezeichnungen stehen insbesondere dann mit dem uA,

a) wenn sie ein charakterisierendes Attribut bei sich haben (vgl. auch E 8 und demgegenüber D 13):

E 7.3.a.

> Sie ist *eine* ausgezeichnete Pianistin. Aber: Sie ist (von Beruf) *Pianistin*. – Sie wird einmal *eine* liebevolle Kindergärtnerin werden. Aber: Sie wird/ist *Kindergärtnerin*.

(Zu ähnlichen Konstruktionen mit *als* und dem NA vergleiche N 14.9.)

b) wenn Berufsbezeichnungen u. a. im übertragenen Sinn gebraucht werden (vgl. aber N 9.2.,
N 14.1., N 20.2.):

E 7.3.b.

> Er ist manchmal *ein* (richtiger) Schauspieler.
> Aber: Er ist (von Beruf) *Schauspieler*. – Du
> bist ja *ein* Künstler! Aber: Er ist (von Beruf)
> *Künstler*.

E 7.3.c.

c) wenn sie in ihrer lexikalischen Bedeutung bereits eine charakterisierende bzw. wertende
Komponente enthalten:

> Er ist für mich *ein* Vorbild. – Du bist *ein* Lüg-
> ner. – Er ist *ein* Dummkopf. – Sie nannte ihn
> *einen* Schurken.

In Ausrufen ohne Prädikat steht aber der NA
(vgl. N 2.1. und demgegenüber E 3 ♦ 3):

> Du *Dummkopf*! – Sie *gemeiner Mensch*!

In der Nähe der hier behandelten Fälle stehen
auch Klassifizierungen mit Abstrakta, die (indirekt) auf Personen bezogen werden:

> Sein Benehmen war *eine* Schande. – Das ist
> *eine* große Frechheit.

(Zum Gebrauch von *so ein* in Ausrufen vergleiche E 3 ♦ 3.)

E 7.3.d.

d) wenn Eigennamen im übertragenen Sinn als Appellativa gebraucht werden:

> Dieses Bild ist *ein* echter Rembrandt. – Die-
> ser Wagen ist *ein* Diesel.

♦ Beachte:

1) Regel E 7.2. berührt sich mit E 1 bzw. E 3. Nur unter den in E 3 ♦ 3 formulierten Bedingungen kann
der uA durch *irgendein* ersetzt werden:
   Das ist *ein/irgendein* Bild.
Unter den Bedingungen von E 7.1. und E 7.3. ist
ein solcher Ersatz ausgeschlossen.

2) Von den Klassifizierungen deutlich zu unterscheiden sind Identifizierungen, die zuweilen in gleichen bzw. ähnlichen syntaktischen Konstruktionen

vorgenommen werden können und im Unterschied
zu E 7 den bA haben (vergleiche besondeers D 1
bis D 5 und D 8):

> Das ist *die* Sonne. – Das ist *die* Mona Lisa. –
> Das ist *die* Einwohnerzahl von Moskau. –
> Hier ist *das* Badezimmer.

2.4. Grammatische Konstruktion und Gebrauch des uA

Der uA steht vor einem Substantiv im Singular, das einen einzelnen von mehreren möglichen Gegenständen bezeichnet, der durch ein **Attribut** oder einen Nebensatz als nichtidentifiziert charakterisiert wird (vgl. auch E 3.2.).

> Sie können dazu *eine* beliebige Zange verwen-
> den. – Meiers haben *einen* größeren Garten
> als Lehmanns. – Der Wissenschaftler arbeitet
> zur Zeit an *einer* neuen Grammatik der deut-
> schen Sprache. – Er sprach mit *einer* Schnel-
> ligkeit, daß man ihm kaum folgen konnte.

Unter der Bedingung – IDENT ATTRIB/NS
1 GEGST steht der uA. Werden mehrere Gegenstände
als nichtidentifizierte Teilmenge aller möglichen Gegenstände durch ein Substantiv im Plural bezeichnet,
steht der NA (vgl. N 13):

> Sie können dazu *beliebige Zangen* verwen-
> den. – Meiers haben schon *größere Kinder* als
> Lehmanns.

Bei Stoffbezeichnungen ist neben dem NA (+ Singular; vgl. N 1.2. ♦ 5) auch der uA möglich:

> In der Tschechoslowakei gibt es *(ein)* beson-
> ders gutes Bier.

Regel E 8 gilt insbesondere,

1. wenn beim Substantiv ein **Adjektivattribut** steht,
   das obligatorisch ein Merkmal – IDENT enthält

oder das im betreffenden Text bzw. in der betreffenden Situation eine Interpretation als − IDENT verlangt. Das betrifft vor allem

E 8.1.a.

a) Adjektive mit ausdrücklich **nichtidentifizierender lexikalischer Bedeutung** (vgl. aber D 13.3.):

> Sie können dazu *eine* beliebige Zange verwenden. − Bilden Sie *ein* ähnliches Beispiel!

Folgende Adjektive stehen meist mit dem uA:

ähnliche	andere
beliebige	(von mehreren)
bestimmte	gewisse
(= gewisse)	weitere
genügende	(von mehreren)

E 8.1.b.

b) **Adjektive im Komparativ,** denen ein Vergleich mit *als* folgt (vgl. aber D 13.2.):

> Meiers haben *einen* größeren Garten als Lehmanns. − Monika hat für dieses Problem *eine* bessere Lösung vorgeschlagen als Peter.

E 8.1.c.

c) Adjektive mit an sich „neutraler" Bedeutung, die aber im betreffenden **Kontext** bzw. in der betreffenden **Situation** nichtidentifizierend wirken oder wirken können (vgl. aber D 13.3.b.):

> N. N. ist *ein* österreichischer Schlagersänger. Aber: *Das* österreichische Parlament hat gestern ein neues Gesetz verabschiedet. − Bekomme ich von dir auch einmal *eine* richtige Antwort? Aber: Hast du auch *den* richtigen Schlüssel genommen?

Hierher gehört auch der Gebrauch des uA bei **Abstrakta,** wenn das Attribut eine **bestimmte Qualität** besonders hervorhebt:

> Der Ausländer braucht gerade auch *eine* semantische Erläuterung der Synonyme. − Im Saal herrschte *eine* unerwartet fröhliche Stimmung. − Sie fühlte *ein* merklich anschwellendes Unbehagen.

1) Nimmt das Adjektivattribut eine eindeutige Identifizierung vor, dann steht der bA (vgl. D 13.2./3.):

Sie erinnert sich gern an *den* gestrigen Abend. – Das war *die* beste Idee.

In manchen Fällen signalisiert der Gebrauch des uA oder des bA bestimmte Bedeutungsunterschiede: *ein anderer – der andere, ein einziger – der einzige, ein ganzer – der ganze* usw. (vgl. D 13.3. ♦ 1).

2) Folgt einem Adjektiv im Komparativ kein Vergleich mit *als*, kann auch der bA stehen:

Monika hat für dieses Problem *eine/die* bessere Lösung vorgeschlagen.

Wird als Vergleich *von beiden* o. ä. angeschlossen, ist der bA obligatorisch:

Petra und Monika sind Schwestern. Sie singen gern. Monika hat *die* schönere Stimme (von beiden).

3) Der uA steht auch bei nur mitgedachtem nichtidentifizierendem Attribut (vgl. auch D 13.3. ♦ 3):

Hier herrscht aber *eine* (z. B. große, erdrükkende, ...) Hitze! – Habe ich *einen* (z. B. großen, riesigen, ...) Durst! – Das war *eine* (z. B. große, bittere, ...) Enttäuschung! – Das war heute *ein* (z. B. schöner, anstrengender, ereignisreicher, ...) Tag!

In ähnlichen Ausrufen ohne Prädikat steht *so ein* oder *was für ein*:

So eine Hitze! – *So eine* Enttäuschung! – *So ein* Dummkopf! – *Was für ein* Pech!

4) Der uA kann unter Umständen auch bei solchen Attributen stehen, die entsprechend D 13 in der Regel den bA haben. Das gilt besonders für Ordinalzahlen, wenn diese keine eindeutige Identifizierung vornehmen (vgl. D 13.1. ♦ 1):

Auch Peter hat beim Sportfest *einen* zweiten Platz belegt. (= einen von mehreren zweiten

Plätzen) – *Einen* dritten Weltkrieg darf es niemals geben. – Es geschah an *einem* 20. September. – Gestern konnte ich (vorläufig) nur *einen* ersten Blick in das Buch werfen. – *Ein* zweites Kind ist meist leichter zu erziehen.

Das trifft sinngemäß auch auf *letzte* zu (vgl. dazu D 13.3. ◆ 5).

5) Zur Ersetzbarkeit des uA durch *irgendein* vergleiche E 3 ◆ 2. Zum Gebrauch von *so ein* bzw. *was für ein* vergleiche E 8.1. ◆ 3.

E 8.2.

2. wenn beim Substantiv ein weiteres **Substantiv als Attribut** steht, das im betreffenden Kontext bzw. in der betreffenden Situation nicht zu einer Identifizierung des attribuierten Substantivs führt (vgl. aber D 13.4.):

> Kollege Meier hat auch *einen* Schlüssel zum Tresor. – Peter ist gerade von *einer* Dienstreise nach Schweden zurückgekehrt.

Beachte:

1) Substantivische Attribute können offenbar von sich aus nicht zum obligatorischen Gebrauch des uA führen, wohl aber zum obligatorischen Gebrauch des bA (vgl. D 13.4.). Der uA wird nach denselben Regeln gesetzt, als wenn das Substantiv kein Attribut bei sich hätte:

> Kollege Meier hat auch *einen* Schlüssel (zum Tresor). – Peter ist gerade von *einer* Dienstreise (nach Schweden) zurückgekehrt.

2) Die attributive Beziehung zweier Substantive kann demgegenüber aber im Attribut zum obligatorischen bzw. bevorzugten Gebrauch des uA führen. Das betrifft besonders

a) Substantive als Attribut zu solchen (Verbal-) Abstrakta, die etwas Künftiges implizieren:

> Die Verhandlungspartner haben sich für die *Verhinderung eines* Nuklearkrieges ausgesprochen. Aber: Alle Bemühungen zur Verhinderung *des* 2. Weltkrieges *waren* erfolglos. – Der

Wissenschaftler arbeitet an der *Entwicklung eines* neuartigen Analyseverfahrens.

b) Vergleichskonstruktionen mit *von*:

Er war ein Riese von *einem* Mann. – Wo hast du denn dieses Prachtexemplar von *einem* Hirsch erlegt?

3. wenn beim Substantiv ein nichtidentifizierender **Nebensatz** steht (vgl. aber D 13.5.). Das gilt insbesondere, wenn man anstelle des Artikels auch *so ein/ein solcher/ein derartiger* verwenden kann:

E 8.3.

Das war *ein* Abend, wie sie sich ihn schon lange gewünscht hatte. – Er ist *ein* Mensch, der besonnen handelt. – Er sprach mit *einer* Schnelligkeit, die ihresgleichen sucht. – Ich möchte *einen* Wein, der nicht so süß ist.

Beachte:

1) Nimmt der Nebensatz eine eindeutige Identifizierung vor, dann steht der bA (vgl. D 13.5.):

Nun ist *der* Abend schon wieder vorbei, auf den sie sich so gefreut hatte.

Das gilt insbesondere, wenn man anstelle des Artikels auch *derjenige* verwenden kann:

Dort kommt *der/derjenige* Kollege, von dem wir gerade gesprochen haben.

2) Viele Nebensätze verhalten sich – ähnlich wie die substantivischen Attribute (vgl. E 8.2.) – der Identifizierung gegenüber neutral. Das Bezugssubstantiv muß entsprechend den konkreten Bedingungen mit dem uA oder dem bA stehen:

In *einem* Brief, den ich von Peter bekommen habe, schreibt er, daß er krank sei. Aber: In *dem* Brief, den ich von Peter bekommen habe, schreibt er, daß er krank sei.

Der uA steht in einer Reihe von **Funktionsverbgefügen**.

E 9

Sie werden künftig als FVG bezeichnet.

Die Polizei hat den Einbrüchen *ein* Ende gesetzt. – Ich möchte Ihnen noch *eine* Frage stellen. – Jeder kann zur Erhaltung des Friedens *einen* Beitrag leisten. – Peter hat *eine* Vorliebe für den Wintersport. – Die Archäologen haben *einen* ungewöhnlichen Fund gemacht. – Während des Sturms ist der Mast in *ein* ständiges Schwanken geraten.

Unter der Bedingung GRAM KONSTR FVG steht in einer Reihe von Fällen der uA (vgl. aber D 14 und N 15). Außer den unter ♦ 4 genannten Fällen kann der uA in FVG nicht durch artikelähnliche Wörter ersetzt werden.
Regel E 9 gilt insbesondere für

E 9.1. 1. einige FVG mit einem Substantiv im **Akkusativ oder Dativ** ohne Attribut:

Die ausländische Delegation hat dem Leiter des Forschungsinstituts *einen* Besuch abgestattet.

So auch: etw. *ein* Ende machen/setzen, *ein* Ende nehmen, *eine* Korrektur erfahren, jem./sich/etw. *einer* Prüfung unterziehen, *eine* Veränderung erfahren/herbeiführen, *einen* Vorteil erstreben/haben, jem./sich *einen* Vorwurf machen u. a.

E 9.2. 2. FVG, deren Substantiv im Akkusativ mit einem **Attribut** gebraucht werden muß (vgl. aber D 14.4.). Hierher gehören

E 9.2.a. a) einige FVG mit einem präpositional angeschlossenen Substantivattribut, zum Beispiel:

einen Beitrag zu etw. leisten, *einen* Einwand gegen jem./etw. erheben, *ein* Ende mit etw. machen, *eine* Vorliebe für etw. haben, *eine* Vorstellung von jem./etw. haben, *einen* Vorwurf gegen jem. erheben

b) FVG mit einem ausdrücklich nichtidentifizierenden Adjektivattribut, zum Beispiel:

E 9.2.b.

einen tragischen (usw.) Ausgang nehmen (aber: *den* erwarteten Ausgang nehmen), *eine* günstige (usw.) Entwicklung nehmen, *einen* unerwarteten (usw.) Verlauf nehmen, *eine* bisher unbekannte (usw.) Wirkung haben

c) FVG mit einem nichtidentifizierenden attributiven Nebensatz, zum Beispiel:

E 9.2.c.

einen Ausgang nehmen, den niemand vorausgesehen hat

3. FVG, die ohne Attribut mit dem bA (vgl. D 14) oder dem NA (vgl. N 15) stehen, die aber auch mit einem nichtidentifizierenden Attribut gebraucht werden können:

E 9.3.

in *ein* ständiges Wanken geraten (aber: *ins* Wanken geraten), etw. zu *einem* günstigen Ende bringen (aber: etw. *zu Ende* bringen)

Bei Graduierungsadjektiven ist neben dem uA auch der NA möglich:

jem. in *(eine)* große Gefahr bringen (aber: jem. *in Gefahr* bringen)

Beachte:

1) Zahlreiche FVG ohne Attribut haben den bA (vgl. D 14.1. bis D 14.3.) oder den NA (vgl. N 15).

2) FVG mit identifizierendem Attribut haben in der Regel den bA (vgl. D 14.4.).

3) FVG, deren Substantiv im Singular entsprechend Regel E 9 mit dem uA steht, haben im Plural den NA (vgl. N 10). Dabei ist zu beachten, daß nur in wenigen FVG das Substantiv auch im Plural erscheinen kann, zum Beispiel:

jem. (regelmäßig) *Besuche* abstatten, *Einwände* gegen jem./etw. erheben, (unangemessen hohe) *Forderungen* stellen, *Fragen* stellen, *Vorteile* erstreben/haben, jem. *Vorwürfe* machen

4) Wenn die in E 3 ♦ 2 formulierten Bedingungen erfüllt sind, kann der uA durch *irgendein* ersetzt werden:

> In der Zeitung soll gestanden haben, daß die
> Expedition *einen/irgendeinen* ungewöhnlichen
> Fund gemacht hat.

In den meisten FVG ist der uA nicht durch ein artikelähnliches Wort ersetzbar.

E 10

> Der uA steht vor Substantiven wie *Fläche, Gewicht,
> Größe, Höhe, Tiefe, Umfang* usw. in der Konstruk-
> tion *haben* + Substantiv im Akkusativ + *von* + Kar-
> dinalzahl + Maßeinheit.

> Der Kirchturm hat *eine* Höhe von 100 Me-
> tern. – Der See hat *eine* Tiefe von 80 Me-
> tern. – Das Buch hat *einen* Umfang von
> 250 Seiten.

Unter der Bedingung GRAM KONSTR HAB MASS
steht der uA. In anderen (auch synonymischen) Konstruktionen steht der bA (vgl. besonders D 2.2.):

> *Die* Höhe des Kirchturms beträgt 100 Me-
> ter. – Das Schiff hat *die* Größe eines mehr-
> stöckigen Hauses.

♦ Beachte:

1) Werden die oben angeführten Substantive von
   einem graduierenden Adjektivattribut begleitet,
   steht der bA:

   > Der Kirchturm hat *die beachtliche* Höhe von
   > 100 Metern.

2) Bei anderen Verben ist neben dem uA auch der bA
   möglich:

   > Der Berg erreicht *eine/die* Höhe von
   > 1 240 Metern. – Peter hat *eine/die* Summe
   > von 30 Mark gespendet. – Auch *eine/die* Ent-
   > fernung von 10 000 km ist für das Flugzeug
   > kein Problem. – Dieses Gerät mißt mit *einer/*

der Genauigkeit von einem hundertstel Millimeter. – Er hat dafür *einen/den* Preis von 2 000 Mark bezahlt.

3) Substantive wie *Gewinn, Nutzen, Schaden* usw. stehen mit Verben wie *entstehen, erreichen, verursachen* usw. in vergleichbaren Konstruktionen ebenfalls mit dem uA:

> Der Betrieb hat *einen* Gewinn von 2 Millionen Mark erzielt. – Bei dem Brand ist *ein* Schaden von einer Million Mark entstanden.

2.5. Lexikalisierung und Gebrauch des uA

E 11

Bei den **Eigennamen** (besonders Personennamen und geographische Namen) ist der Artikelgebrauch in der Regel lexikalisiert. Es steht der lexikalisierte bA (vgl. D 17) oder der lexikalisierte NA (vgl. N 23). In einer Reihe von Fällen wird aber auch bei Eigennamen der uA verwendet.

> In Nowgorod gibt es auch *einen* Kreml. – Peter will sich *einen* neuen Duden kaufen. – Bei uns arbeitet auch *eine* Monika Müller. – Dort wird in dieser Saison *ein* erstklassiger Faust gespielt. – Nicht jeder schreibt wie *ein* Goethe. – Dieses Bild ist *ein* echter Rembrandt. – Kennst du *einen* Kollegen Meier?

Da der Gebrauch des uA bei Eigennamen von unterschiedlichen Bedingungen abhängt, behandeln wir ihn in verschiedenen Regeln. In E 11 geben wir eine zusammenfassende und systematisierende Übersicht. Der uA steht insbesondere dann bei Eigennamen,

1. wenn sie **wie Appellativa gebraucht** werden und den Bedingungen für – IDENT (vgl. E 3) genügen:

E 11.1.

> Kannst du *eine* Sonne malen? – In Nowgorod gibt es auch *einen* Kreml.

Das trifft auch auf Eigennamen zu, die als Markennamen verwendet werden und den Bedingungen für
− IDENT genügen (vgl. E 3):

> Peter will sich *einen* neuen Duden kaufen. −
> Monika hat zu Hause noch *einen* Dürer.
> (= Fernsehgerät)

Schließlich gilt das auch für die Namen von Künst-
lern, wenn diese ein Werk dieses Künstlers bezeichnen und den Bedingungen für − IDENT genügen
(vgl. E 3):

> Jetzt spielt das Orchester *einen* Mozart. − In
> der Galerie ist auch *ein* echter Rubens zu se-
> hen.

E 11.2.   2. wenn sie **für mehrere Gegenstände stehen** können
und einer von ihnen nichtidentifizierend genannt
werden soll (vgl. E 3):

> In Leipzig gibt es auch *eine* Talstraße. − Bei
> uns arbeitet auch *eine* Monika Müller.

E 11.3.   3. wenn sie durch ein **Attribut** oder einen Nebensatz
den Bedingungen für − IDENT genügen (vgl. E 3
und E 8):

> In X wird in dieser Saison *ein* erstklassiger
> Faust gespielt. − Der Schriftsteller führt uns
> in *ein* anderes Prag, als es der flüchtige Tou-
> rist gewöhnlich kennt.

E 11.4.   4. wenn sie **partiell exemplarisch** gebraucht werden
(vgl. E 6 ♦ 2):

> Nicht jeder schreibt wie *ein* Goethe. − Sie be-
> nimmt sich wie *eine* Xanthippe.

In der Nähe zu dieser Verwendungsweise des uA
stehen auch Sätze mit *ein Mann wie* bzw. *eine Frau
wie*:

> Das konnte nur *ein* (Mann wie) Beethoven. −
> Er tut so, als ob es nie *eine* (Frau wie) Maria
> Theresia gegeben hätte.

5. wenn sie **klassifizierend** gebraucht werden (vgl. E 7.3.d.):

> Dieses Bild ist *ein* echter Rembrandt. – Dieser Wagen ist *ein* Diesel. – Südböhmen ist *ein* Mekka der Angler.

117

E 12

E 11.5.

6. wenn man seine (völlige) **Unkenntnis/Uninformiertheit** über den Träger eines Namens hervorheben will (vgl. E 1 ♦ 4 und D 6.1. ♦ 1): E 11.6.

> Da hat jemand nach *einer* Monika gefragt. Ich weiß überhaupt nicht, wer das sein soll. – Arbeitet bei Ihnen *ein* (gewisser) Max Müller? – Kennst du *einen* Kollegen Meier? – Ich soll mich an *einen* Dr. Lehmann wenden.

Der uA ist in einigen **Phraseologismen** fest lexikalisiert. Da Phraseologismen sozusagen sprachliche Fertigteile sind, dürfen sie in der Regel auch nur mit dem fest lexikalisierten Artikel verwendet werden, auch wenn in vergleichbaren nichtphraseologischen Konstruktionen ein anderer Artikel denkbar oder gar notwendig wäre (vgl. auch D 18 ♦ 1). E 12

> aus *einer* Mücke *einen* Elefanten machen, wie *eine* Seifenblase zerplatzen, sich an *einen* Strohhalm klammern

In einigen Phraseologismen ist das Numerale *ein* fest lexikalisiert:

> alle über *einen* Kamm scheren, alles auf *eine* Karte setzen

Was wir soeben anhand phraseologischer Wortgruppen/Wendungen gezeigt haben, trifft beispielsweise auch auf zahlreiche **Sprichwörter** zu:

> *Einen* alten Baum verpflanzt man nicht. – Wie man auf *einen* Stein schlägt, so gibt er Funken. – Wer den Teufel zum Freund ha-

ben will, der zündet ihm *ein* Licht an. – *Ein* Unglück kommt selten allein. – *Ein* Friede ist besser als zehn Siege.

Unter der Bedingung LEXIKAL PHRASEOLOG steht in einigen Fällen der uA. Er kann nur in äußerst seltenen Fällen durch den bA ersetzt werden (vgl. ♦ 1). Regel E 12 gilt insbesondere,

E 12.1.   1. wenn der Phraseologismus **exemplarisch** gebraucht wird (vgl. E 5 und E 6):

jem. *einen* Bären aufbinden, *einen* Besen fressen, *einen* Bock schießen, jem. *ein* Dorn im Auge sein, aus *einer* Mücke *einen* Elefanten machen

Auch in Sprichwörtern ist dieser Gebrauch des uA ziemlich verbreitet:

Einen alten Baum verpflanzt man nicht. – *Ein* Floh kann auch beißen. – *Ein* froher Gast ist niemals Last. – Aus *einer* Gans wird kein Adler. – Was *ein* Häkchen werden will, krümmt sich beizeiten. – *Ein* zeitiger Morgen macht *einen* langen Tag.

In phraseologischen Wortgruppen/Wendungen kommt dieser Gebrauch des uA häufig bei Vergleichen mit *wie* vor:

wie *eine* bleierne Ente schwimmen, sich wohlfühlen wie *ein* Fisch im Wasser, rot sein / werden wie *ein* Krebs, Hunger haben wie *ein* Wolf, wie *eine* Seifenblase zerplatzen

In Sprichwörtern, die einen Vergleich enthalten, steht nur selten der uA:

Wie man auf *einen* Stein schlägt, so gibt er Funken.

Meist ist in derartigen Sprichwörtern der typisierende bA (vgl. D 10 und D 11) fest lexikalisiert:

Wie *die* Arbeit, so *der* Lohn. – Wie *die* Eltern, so *die* Kinder. – Wie *der* Herr, so'*s* (= das)

Gescherr. – Wie *der* Pfarrer singt, so antwortet *der* Küster. – Wie man in *den* Wald hineinruft, so schallt es heraus.

2. wenn das Substantiv im Phraseologismus einen **(beliebigen) einzelnen Gegenstand** mit dem Merkmal − IDENT (vgl. E 3) bezeichnet:

> *einen* Keil zwischen jem. treiben, *eine* gute Nase für etw. haben, *eine* Stecknadel im Heuhaufen suchen, sich an *einen* Strohhalm klammern

Dieser Gebrauch des uA begegnet auch in einigen Sprichwörtern:

> Es hat noch kein Spiegel *einer* Frau gesagt, daß sie häßlich ist. – Wer den Teufel zum Freund haben will, der zündet ihm *ein* Licht an.

Beachte:
1) Der Artikelgebrauch in Phraseologismen ist − wie gesagt − in der Regel fest lexikalisiert (vgl. D 18 ♦ 1). Nur in sehr wenigen Fällen ist sowohl der uA als auch der bA möglich:
   > wie *ein/der* Blitz aus heiterem Himmel, in *eine/die* Sackgasse geraten
2) Zum Artikelgebrauch in zahlreichen anderen Phraseologismen vergleiche besonders D 18 und N 25. Zum Artikelgebrauch in Funktionsverbgefügen vergleiche D 14, E 9 und N 15.

3.1.   Außersprachliche Situation und Gebrauch des NA

N 1

> Der NA steht analog zu Regel E 1 vor Substantiven im Plural, die eine in der betreffenden Kommunikationssituation **unbestimmte Teilmenge** aller durch diese Substantive benennbaren Gegenstände bezeichnen, oder vor Stoffbezeichnungen im Singular, wenn sie in der betreffenden Kommunikationssituation den Stoff ganz allgemein oder eine unbestimmte Teilmenge dieses Stoffes bezeichnen, oder vor Abstrakta, wenn diese in der betreffenden Kommunikationssituation ganz allgemein gebraucht werden.

> Sind unter Ihnen auch *Deutschlehrer*? – Sicher schenkt er ihr zum Geburtstag wieder *Bücher*. – Ich habe gesehen, wer das Fenster eingeschlagen hat: Es waren *Jungen* aus der Nachbarschaft. – Peter trinkt gern *Bier*. – Dazu braucht man *Geduld*.

Unter der Bedingung −IDENT SIT KOMMUNIK n GEGST bzw. −IDENT SIT KOMMUNIK STOFF/ ABSTRAKT steht der NA.
Regel N 1 gilt insbesondere,

N 1.1.   1. wenn ein **Substantiv im Plural** eine in der betreffenden Kommunikationssituation unbestimmte Teilmenge aller durch dieses Substantiv benennbaren Gegenstände bezeichnet:

> Sind unter Ihnen auch *Deutschlehrer*? – Sicher schenkt er ihr zum Geburtstag wieder *Bücher*. – Das Fenster haben *Jungen* aus der Nachbarschaft eingeschlagen.

Beachte:

1) Wird nur ein einziger beliebiger Gegenstand be-

zeichnet, dann steht das betreffende Substantiv im Singular mit dem uA (vgl. E 1). In Regel E 1 haben wir die Teilregeln ausführlich dargestellt. Sie gelten sinngemäß auch für Regel N 1.

2) Unter den Bedingungen von N 1.1. kann der NA auch durch artikelähnliche Wörter ersetzt werden, z. B.: *einige, etliche, mehrere*:

> Sicher schenkt er ihr zum Geburtstag wieder *(einige)* Bücher.

Unter den in E 1.1. bis E 1.3. sowie in E 3 ♦ 2 und E 6 ♦ 1 formulierten Bedingungen kann vor einem Substantiv im Plural auch *irgendwelche* (im Singular: *irgendein*) stehen:

> Auf dem Fußboden lagen *(irgendwelche)* Zeitungen.

Auch *ein paar, viele, wenige, manche* usw. können gebraucht werden:

> Wir essen dazu lieber *(ein paar)* Eier. – Auf dem Fußboden lagen *(viele)* Zeitungen.

Soll ausdrücklich auf bestimmte Eigenschaften der Gegenstände vergleichend Bezug genommen werden, dann wird der NA durch *derartige* oder *solche* ersetzt:

> Kannst du mir *derartige/solche* Wörterbücher besorgen?

Exakte Mengenangaben durch Kardinalzahlen widersprechen nicht einer Interpretation als − IDENT:

> Gib mir bitte *zwei* Zeitungen! – Das waren *drei* Jungen aus der Nachbarschaft.

Werden die exakt quantifizierten Gegenstände als + IDENT betrachtet, dann steht vor der Kardinalzahl der bA (vgl. D 8 ♦ 1):

> Das sind *die* drei Jungen, die das Fenster eingeschlagen haben.

2. wenn eine **Stoffbezeichnung im Singular** in der betreffenden Kommunikationssituation ganz allgemein gebraucht wird oder eine unbestimmte Teilmenge des Stoffes bezeichnet:

Peter trinkt gern *Bier*, Monika ißt lieber *Eis*. –
Zum Bau eines Hauses braucht man auch *Ze-ment* und *Sand*. – Diese Pflanze braucht
Sonne. – Schenke doch bitte noch *Wein*
nach!

Beachte:

1) In der Nähe der Stoffbezeichnungen stehen
auch Kollektiva auf *-werk*, *-zeug* usw.:
Von der alten Burg ist nur noch *verfallenes
Mauerwerk* geblieben. – Die kleine Monika
wünscht sich zum Geburtstag *Spielzeug*.

2) Bei generalisierendem Gebrauch kann außer
dem NA auch der bA stehen (vgl. N 6):
(Das) Bier ist ein beliebtes Getränk. – *Das
reine Gold / reines Gold* ist relativ weich.

3) Der NA wird auch verwendet, wenn die Stoffbe-zeichnung durch ein Gefäß o. ä. genauer quanti-fiziert wird:
Ich werde zuerst ein Glas *Bier* trinken. – Pe-ter ißt noch einen Teller *Suppe*. – Monika
nimmt noch eine Scheibe *Schwarzbrot*. – Ich
brauche noch zwei Säcke/zwei Sack *Ze-ment*.

4) Unter den in N 1.1. ◆ 2 angeführten Bedingun-gen kann der NA bei Stoffbezeichnungen durch
einige artikelähnliche Wörter ersetzt werden,
z. B.: *ein bißchen, einiger, etlicher, etwas, irgendwel-cher, solcher, viel, (ein) wenig*. Nicht ersetzt wer-den kann der NA bei Stoffbezeichnungen durch
ein paar, viele, wenige usw.:
Er hat von *(irgendwelchem)* Geld gespro-chen. – Er hat heute schon *(einigen/etlichen)*
Alkohol getrunken. – An der Suppe fehlt
noch *(ein bißchen/etwas/ein wenig)* Salz. –
Kannst du mir *solches* Papier besorgen?

5) Wird eine Stoffbezeichnung als Individualbe-zeichnung gebraucht, kann entsprechend den
Regeln (vgl. besonders E 8 und E 3 ◆ 4) der uA
oder das Numerale *ein* stehen:
Das ist *(ein)* sehr herber Wein. – Das ist *ein*

Salz der Schwefelsäure. – Bitte noch *ein* Bier, Herr Ober!

3. wenn ein **Abstraktum im Singular** in der betreffenden Kommunikationssituation ganz allgemein gebraucht wird:

> Der Patient braucht *Ruhe*. – Monika hat *Geduld*. – Das Kind macht seinen Eltern *große Freude*. – *Bewegung* ist gesund.

Beachte:

1) Zum Gebrauch des bA bei Abstrakta vergleiche besonders D 1.6., D 2.2., D 11.7., D 12.4., D 13.4./5., zum Gebrauch des uA bei Abstrakta im Singular vergleiche besonders E 8.1.c. und E 8.2. ♦ 2.

2) Bei generalisierendem Gebrauch kann außer dem NA auch der bA stehen (vgl. N 6):

> *(Der)* Frieden ist das höchste Gut der Menschheit.

3) Unter den in N 1.1. ♦ 2 angeführten Bedingungen kann der NA bei Abstrakta durch einige artikelähnliche Wörter ersetzt werden, z. B.: *ein bißchen, einiger, etlicher, etwas, so ein, solcher, viel, wenig,* nicht aber durch *ein paar, mehrere, viele, wenige* usw.:

> Dazu war schon *(ein bißchen / einiger)* Mut nötig.

Bei Abstrakta im Plural können auch *derartige, dergleichen, derlei, einige, etliche, irgendwelche, manche, mehrere, ein paar, solche, viele, wenige* usw. stehen:

> Peter wird noch *(einige / mehrere / viele)* Fragen stellen. – Hat jemand dazu *(irgendwelche)* Bemerkungen gemacht? – Vor *derartigen / derlei / solchen* Worten sollte man sich besser hüten.

Pluralfähige Abstrakta können im Singular auch mit *(so) mancher, manch ein* gebraucht werden, wenn eine größere Menge/Anzahl bezeichnet werden soll:

Er hat sich schon *(so) manche/manch eine* Stunde mit diesem Problem beschäftigt.

Unter den entsprechenden Bedingungen (vgl. E 3 ♦ 2) kann bei pluralfähigen Abstrakta auch *irgendein* (+ Singular) stehen:

Hat jemand dazu *irgendeine/eine* Bemerkung gemacht?

N 2

> Der NA wird **in bestimmten Kommunikationssituationen** auch bei solchen Substantiven im Singular oder Plural gebraucht, die außerhalb dieser Situationen entsprechend den Regeln mit dem bA oder dem uA verwendet werden (müssen).

Guten Tag, Herr Müller! – Streitet euch nicht, *Kinder!* – *Vorsicht!* – *Frohe Weihnachten!* – *Verfasser vorliegender Schrift* behauptet, ...

Unter der Bedingung SIT KOMMUNIK SPEZIELL steht in einer Reihe von Fällen der NA.

Regel N 2 gilt insbesondere für

N 2.1. 1. die **Anrede** von Personen:

Ich melde mich noch einmal bei Ihnen, *Herr Müller*. – Darf ich Sie um eine Konsultation bitten, *Herr Professor*? – Kannst du mir bitte mal helfen, *Mutti*? – Womit kann ich Ihnen dienen, *gnädige Frau*? – Streitet euch nicht, *Kinder!* – Warum bist du mir denn weggelaufen, du *böser Junge*? – Da hast du aber Blödsinn gemacht, du *Esel*.

Das betrifft auch die Anrede in Briefen oder bei Veranstaltungen:

Liebe Frau Lehmann! – *Sehr geehrter Herr Dr. Müller!* – *Liebe Freunde!* – *Verehrte Anwesende!*

Beachte:

Zum Gebrauch des bA und des Possessivums *mein* in der Anrede vergleiche D 6.3.:

Bitte nach Ihnen, *der* Herr! – Was wünschen
Sie, *meine* Dame? – *Meine* Damen und Her-
ren!

2. **Ausrufe** in Gefahrensituationen und bestimmte
Kommandos:

> *Vorsicht*, hier ist es glatt! – *Achtung!* – *Hilfe!* –
> *Feuer!* – *Mann über Bord!* – *Wasser* marsch! –
> *Abteilung* marsch! – *Augen* rechts!

3. **Grußformeln** und **(Glück-)Wünsche:**

> *Guten Tag.* – *Auf Wiedersehen.* – *Mit freundli-*
> *chem Gruß* (= Grußformel in Briefen) – *Gute*
> *Reise!* – *Frohe Weihnachten!* – *Herzlichen*
> *Glückwunsch* zum Geburtstag!

4. den – großenteils veralteten – formelhaften Sprachgebrauch in einigen Kommunikationsbereichen
(z. B. „Kanzleisprache", „Amtssprache"):

> *Angeklagter* bestreitet, den Tatort je betreten
> zu haben. – *Unterzeichneter* bittet um rasche
> Entscheidung seiner Angelegenheit. – *Über-*
> *bringer* ist berechtigt, *obigen Betrag* entgegen-
> zunehmen. – *Verfasser* behauptet, das Pro-
> blem endgültig gelöst zu haben.

3.2. Sprachlicher Text und Gebrauch des NA

> Der NA steht analog zu Regel E 2 vor Substan-
> tiven im Plural, die eine **unbestimmte Teilmenge**
> von Gegenständen bezeichnen, die **neu in einen**
> **Text eingeführt** werden.

Die mit dem NA neu eingeführten Gegenstände gelten
im weiteren Textverlauf als vorerwähnt und damit als
+ IDENT. Substantive, die etwas mit dem NA Vorerwähntes im Textverlauf wiederaufnehmen, stehen entsprechend Regel D 7 mit dem bA.

Die Verkehrspolizei berichtet

Am vergangenen Montag kam es im Stadtgebiet zu *zahlreichen schweren Verkehrsunfällen*. Die Unfälle ereigneten sich in den frühen Morgenstunden, als plötzlich einsetzender Sprühregen die Fahrbahnen in *spiegelglatte Eisflächen* verwandelte. Der Berufsverkehr wurde durch *das* Glatteis stark behindert. (Nach einer Zeitungsmeldung)

Der NA gilt auch für **Stoffbezeichnungen im Singular**, wenn sie mit dem Merkmal −IDENT neu in einen Text eingeführt werden.

Quarkkäulchen

Man benötigt Kartoffeln, *Quark*, Eier, *Mehl*, Rosinen, *Öl, Salz, Muskat, Zitronenaroma, Zukker* und *Zimt*. Die Kartoffeln werden gekocht, noch heiß gepellt und durch die Kartoffelpresse gedrückt. *Den* Quark streicht man ebenfalls durch ein Sieb, vermengt ihn mit den Kartoffeln und schmeckt die Masse ab. Dann werden die Eier, *das* Mehl und die Rosinen hinzugefügt .... (Nach einem sächsischen Rezept)

Unter der Bedingung −IDENT PRÄKONTEXT n GEGST bzw. −IDENT PRÄKONTEXT STOFF steht der NA.

Beachte:

1) Wird nur ein einziger beliebiger Gegenstand neu in einen Text eingeführt, dann steht das Substantiv im Singular mit dem uA (vgl. E 2).

2) Die in Regel E 2 ausführlich dargestellten Details (besonders unter ♦ 1, ♦ 3 und ♦ 5) gelten sinngemäß auch für Regel N 3.

3) Unter den in N 1.1. ♦ 2 und N 1.2. ♦ 4 formulierten Bedingungen kann der NA vor einem Substantiv im Plural durch *einige, etliche, irgendwelche, mehrere, ein paar* usw. ersetzt werden. Vor Stoffbezeichnungen im Singular können *ein bißchen, etwas, viel,*

(ein) wenig usw. stehen. Auch exakte Maß-/Mengen-angaben sind möglich:

> Man benötigt *300 g* Quark, *200 g* Mehl, *(ein bißchen)* Öl und *(etwas)* Salz.

4) Zum Gebrauch des bA unter der zu N 3 kontrastie-renden Bedingung + IDENT PRÄKONTEXT ver-gleiche besonders D 7, zum Gebrauch des uA ver-gleiche E 2.

Der NA wird **in bestimmten Textsorten** auch bei solchen Substantiven im Singular oder Plural (bevorzugt) gebraucht, die außerhalb dieser spe-ziellen Textsorten entsprechend den Regeln mit dem bA oder dem uA verwendet werden (müssen).

> Kann nicht kommen. *Unfall* erlitten. *Brief* folgt. – *Tagesordnung:* 1. *Arbeitsplan*, 2. *Diskus-sion*, 3. Verschiedenes. – Montag abend *Disko*. *Eintritt* frei. – *Direktor* ab. *Sekretärin* tritt ein. *Licht* geht aus. – *Reiseschreibmaschine* Consul, *Bestzustand, Preis* 400,– Mark, *Angebote* nur schriftlich. – *Eingang* – *Sonderangebot* – *Deut-sche Grammatik* für Ausländer – *Fuhrmann* Henschel – *Ungarisches Staatsoberhaupt* in *DDR* eingetroffen

Unter der Bedingung TEXT SPEZIELL steht in einer Reihe von Fällen (vorzugsweise) der NA.
Regel N 4 gilt insbesondere für

1. Telegramme:

> Hauptreferent erkrankt. Konferenz verscho-ben. Neuer Termin folgt.

2. stichwortartig verkürzte Texte, zum Beispiel

   a) Lexikontexte:

> Tschechoslowakei: föderativer sozialistischer Staat; Hauptstadt Prag; Einwohnerzahl: 15 Millionen; Fläche: 127 877 km^2 …

b) Bedienungsanweisungen:

Ortsgespräche
1. Handapparat abnehmen
2. Wählzeichen abwarten

3. 20-Pfennig-Münze einwerfen, Stillstand der Münze abwarten
4. Rufnummer wählen
Nach Gesprächsende Handapparat anhängen

c) Kleinanzeigen:

Biete komfortable 2-Raum-Wohnung Nähe Auensee, 1. Etage, Bad, IWC, Balkon. Genehmigung für Einbau von Gasheizung vorhanden. Suche gleichwertige, Zentrum oder Westvorstadt

d) Regieanweisungen:

Direktor ab. Sekretärin tritt ein. Licht geht aus.

3. listenartige Aufzählungen:

Das Tempussystem deutscher Verben umfaßt: Präsens, Präteritum, Perfekt, Plusquamperfekt, Futur I, Futur II.

Wir stellen ein:
Direktor für Materialbeschaffung
Leiter für Informationszentrum
Kraftfahrer
Reinigungskraft
Pförtner

4. Formulare, Tabellen u. ä.:

Name: Müller	Vorname: Peter
Wohnort: Leipzig	Straße: Talstraße 3
Staatsangehörigkeit: DDR	
Reiseziel: ČSSR	

Deutsche Sprache und Literatur	gut
Russisch	sehr gut
Englisch	sehr gut

5. Programmzettel, Filmvorspanne u. ä.:   N 4.5.

Die Dreigroschenoper
von Bertolt Brecht   Musik: Kurt Weill
Regie: Erich Engel
Assistenz-Regie: Wolfgang Pintzka
Musikalische Leitung: Hans-Dieter Hosalla
Bühnenbild und Kostüme: Karl v. Appen
Ausführung der Dekorationen: Gustav Hoff-
mann
Technische Leitung: Walter Braunroth

6. Anschriften: N 4.6.

Herrn
Peter Müller
Bahnhofstraße 8
Lutherstadt Eisleben
4250

7. Aufschriften an Straßen, Gebäuden, Räumen usw.:   N 4.7.

Bahnhofstraße – Post – Apotheke – Kaufhalle Nord – Einrichtungshaus – Optiker Nä-
ser – Fleischerei Windisch – Eingang – Se-
kretariat – Wartezimmer – Betreten verbo-
ten! – Heute abend Tanz. Eintritt frei.

8. Titel von Büchern, Zeitschriften und Zeitungen: N 4.8.

Deutsche Grammatik für Ausländer – Ge-
schichte der deutschen Literatur – Mutter
Courage und ihre Kinder – Fuhrmann Hen-
schel – Sprachpflege – Zeitschrift für Germanistik – Eulenspiegel – Wochenpost – Berli-
ner Zeitung – Freie Presse

9. Überschriften (Schlagzeilen) in Büchern, Zeit-   N 4.9.
schriften und Zeitungen:

Vorwort – Einleitung – Benutzungshinweise – Inhalt – Österreichischer Minister in ČSSR-Hauptstadt eingetroffen – 300 000. Besucher in Dresdner Albertinum – Erde aus Weltraum fotografiert – Zirkus Busch begann diesjährige Tournee

Beachte:

1) Der NA wird in der Regel nicht verwendet, wenn das Substantiv im Genitiv oder Dativ ohne Präposition steht:

> Erhaltung *des* Friedens ist dringendste Frage *der* Gegenwart – Weiterer Meilenstein bei Erforschung *der* Erde – Ursache *des* Explosionsunglücks geklärt – *Dem* Sport unser aller Engagement

2) Der NA sollte nach Möglichkeit nicht verwendet werden, wenn dadurch inhaltliche Informationen verlorengingen:

> Saisonauftakt findet in *der* Halle statt (aber: Saisonauftakt findet *in Halle* (= Stadt an der Saale) statt) – Jugenddelegation in *der* (aber: in *die*) Sowjetunion unterwegs – Rowdys überfielen *einen* Kellner (aber: Rowdys überfielen *(mehrere)* Kellner) – Elektronische Anlage ist *eine* Novität aus Japan (aber: Elektronische Anlage ist *die* Novität aus Japan)

Werden die Informationen durch andere sprachliche Elemente vermittelt, dann kann der NA stehen (vgl. auch D 12):

> Saisonauftakt findet *in neuerbauter Halle* statt – *Bergsteiger wurde* (aber: *wurden*) von Lawine verschüttet

3) Der NA steht in der Regel auch in speziellen Texten nicht, wenn der bA oder der uA lexikalisierter Bestandteil einer phraseologischen Wortgruppe/Wendung o. ä. ist (vgl. D 18 und E 12):

> Leipzigs Büchermacher plaudern aus *der* Schule – Kohlekumpel traten in *den* Streik – Tankstellen rund um *die* Uhr geöffnet – Peter Müller wieder *eine* Nasenlänge voraus

Der NA steht in der Regel auch nicht bei Kontrak-

tion von Präposition und bA, da durch den NA
kaum eine Kürzung gegenüber der Kontraktions-
form erreicht würde:

> Hotel *am* Ring – Tips *fürs* Wochenende –
> Neues Team *im* All

4) In Titeln von Büchern, Zeitschriften und Zeitungen
ist der Artikel lexikalisierter Bestandteil des Titels.
Neben Titeln mit dem NA begegnen auch zahlreiche Titel vor allem mit dem bA (vgl. dazu auch
D 1.5.a., D 11 ♦ 3 und D 17.4.), aber durchaus
auch mit dem uA. Derselbe Titel kann auch verschiedene Artikel enthalten:

> *Deutsche Grammatik. Ein* Handbuch für *den*
> Ausländerunterricht – *Buddenbrooks* (aber:
> *Die* Piccolomini) – *Fräulein* Else (aber: *Das*
> Fräulein von Scudery) – *BZ* am Abend (aber:
> *Der* Morgen) – *Leipziger Volkszeitung* (aber:
> *Der* deutsche Straßenverkehr)

Werden die Titel in Sätzen verwendet, dann erhalten sie in der Regel unabhängig vom lexikalisierten
NA den bA (vgl. D 11 ♦ 3):

> Das ist ein Zitat aus *den* Buddenbrooks (auch:
> aus „Buddenbrooks"). – Das stand in *der*
> Leipziger Volkszeitung (nicht: ˣin „Leipziger
> Volkszeitung").

3.3. Bedeutungsverhältnisse im Satz/Text und Gebrauch des NA

Der NA wird analog zu Regel E 3 vor Substan- N 5
tiven im Plural gebraucht, die eine **unbestimmte
Teilmenge** aller durch diese Substantive benennbaren Gegenstände bezeichnen, oder vor Stoffbezeichnungen im Singular, wenn sie den Stoff
ganz allgemein oder eine unbestimmte Teilmenge
dieses Stoffes bezeichnen, oder vor ganz
allgemein gebrauchten Abstrakta.

Sind unter Ihnen auch *Deutschlehrer?* – Sicher schenkt er ihr zum Geburtstag wieder *Bücher.* – Peter trinkt gern *Bier.* – Dazu braucht man *Geduld.* – Man könnte sich für dieses Problem auch *andere Lösungen* vorstellen. – Meiers haben schon *größere Kinder* als Lehmanns.

Unter der Bedingung −IDENT n GEGST bzw. −IDENT STOFF/ABSTRAKT steht prinzipiell der NA. Im unmittelbaren Kontrast zu dieser Regel steht D 8.

Da das Merkmal −IDENT Resultat unterschiedlicher Bedingungen sein kann, stellen wir seine Konsequenzen für den Gebrauch des NA auch in verschiedenen Regeln ausführlich dar (vgl. N 1, N 3 und N 13). In Regel N 5 geben wir eine kurze zusammenfassende **Übersicht.**

Der NA steht aufgrund des Merkmals −IDENT insbesondere dann,

N 5.1.   1. wenn eine unbestimmte Teilmenge von Gegenständen oder Stoffen bezeichnet wird, ohne daß diese Gegenstände/Stoffe in der betreffenden **Kommunikationssituation** eindeutig identifiziert werden können oder sollen (vgl. N 1):

> Sind unter Ihnen auch *Deutschlehrer?* – Sicher schenkt er ihr zum Geburtstag wieder *Bücher.* – Darf ich Ihnen noch *Wein* nachschenken? – Die kleine Monika wünscht sich zum Geburtstag *Spielzeug.*

Dasselbe gilt auch für Stoffbezeichnungen und Abstrakta, die ganz allgemein gebraucht werden:

> Peter trinkt gern *Bier,* Monika ißt lieber *Eis.* – Dazu braucht man *Geduld.*

N 5.2.   2. wenn eine unbestimmte Teilmenge von Gegenständen oder Stoffen bezeichnet wird, die durch ein **Attribut** das Merkmal −IDENT erhalten (vgl. N 13):

Man könnte sich für dieses Problem auch *andere Lösungen* vorstellen. – Meiers haben schon *größere Kinder* als Lehmanns. – Dieser Betrieb verfügt über *modernste Produktionsanlagen.*

3. wenn eine unbestimmte Teilmenge von Gegenständen oder Stoffen **neu in einen Text eingeführt** wird (vgl. N 3):

> Die Verkehrspolizei berichtet
> Am vergangenen Montag kam es im Stadtgebiet zu *zahlreichen schweren Verkehrsunfällen. Die* Unfälle ereigneten sich in den frühen Morgenstunden, als plötzlich einsetzender Sprühregen die Fahrbahnen in *spiegelglatte Eisflächen* verwandelte. Der Berufsverkehr wurde durch *das* Glatteis stark behindert. (Nach einer Zeitungsmeldung)

Beachte:
1) Pluralfähige Substantive im Singular stehen unter analogen Bedingungen mit dem uA (vgl. E 3).
2) Die ausführlichen Regeln werden unter N 1, N 3 und N 13 dargestellt. Dort finden sich auch wichtige Teilregeln sowie Hinweise auf Abweichungen von diesen Regeln. Zur Ersetzbarkeit des NA durch artikelähnliche Wörter vergleiche insbesondere N 1.1. ◆ 2, N 1.2. ◆ 4, N 1.3. ◆ 3 und N 3 ◆ 3. Zu einigen Details bei Stoffbezeichnungen vergleiche besonders N 1.2. ◆ 1 bis ◆ 5.
3) Zur weiteren Präzisierung des Merkmals – IDENT vergleiche ausführlich E 3 ◆ 2.
4) Zu weiteren Details für den Gebrauch des NA bei Ersterwähnung eines Substantivs vergleiche auch sinngemäß E 2 ◆ 1, ◆ 3 und ◆ 5.

N 6

Der NA kann in generalisierenden Äußerungen vor einem Substantiv im Plural gebraucht werden, wenn das Substantiv zugleich die Gesamtheit aller durch dieses Substantiv bezeichenbaren Gegenstände und jeden einzelnen Gegenstand dieser Gesamtheit benennt.

Man nennt solche Generalisierungen **effektiv-distributive Generalisierungen** (vgl. D 9 und E 4). Der NA kann in effektiv-distributiven Generalisierungen auch vor Stoffbezeichnungen und Abstrakta im Singular verwendet werden.

> *Tannen* sind Nadelbäume. – *Bunsenbrenner* sind Gasgeräte. – *Facharbeiter* brauchen eine gute Allgemeinbildung. – *Salz* ist ein Ablagerungsprodukt. – *Frieden* ist das höchste Gut der Menschheit.

Unter der Bedingung GENER EFF.-DISTRIB kann der NA verwendet werden. Pluralfähige Substantive können ohne wesentlichen Bedeutungsunterschied auch mit dem bA (+ Singular oder Plural; vgl. D 9), mit dem uA (+ Singular; vgl. E 4), mit *jeder* (+ Singular) und mit *alle* (+ Plural) gebraucht werden:

> *Die/eine/jede* Tanne ist ein Nadelbaum. Oder: *(Die/alle)* Tannen sind Nadelbäume.

Bei nichtpluralfähigen Substantiven (vor allem Stoffbezeichnungen und Abstrakta) konkurriert der NA nur mit dem bA (+ Singular):

> *(Das)* Salz ist ein Ablagerungsprodukt. – *(Der)* Frieden ist das höchste Gut der Menschheit.

Der NA rückt ähnlich wie der uA die Bedeutung der Äußerung in die Nähe exemplarischer Generalisierungen (vgl. N 7). Bei Unika ist der Gebrauch des NA ausgeschlossen, wenn dieser nicht fest lexikalisiert ist (vgl. N 23):

> *Wien* ist die Hauptstadt *Österreichs*. Aber: *Der* Äquator ist eine gedachte Linie, die *die* Erde

in eine nördliche und eine südliche Hälfte
teilt.

Beachte:

1) Der Artikel kann in effektiv-distributiven Generalisierungen prinzipiell – innerhalb der oben abgesteckten Grenzen – frei gewählt werden. In einigen
Konstruktionen wird jedoch der NA bevorzugt,
zum Beispiel:

> *Bunsenbrenner heißt* ein Gasgerät, das
> man ... – *Bunsenbrenner nennt man* ein Gasge
> rät, das man ... – *Als Bunsenbrenner bezeichnet
> man* ein Gasgerät, das man ...

In anderen Konstruktionen steht demgegenüber
vorzugsweise der uA (vgl. E 4 ♦ 2), zum Beispiel:

> *Was ist ein* Bunsenbrenner? – *Ein* Bunsen
> brenner *ist* ein Gasgerät, das man ... – Unter
> *einem* Bunsenbrenner *versteht man* ein Gasge
> rät, das man ...

2) Die Artikelfolge NA (bei Ersterwähnung) – bA (bei
Wiederaufnahme) ist in Generalisierungen nicht
bindend (vgl. besonders D 9 ♦ 3 und zur Artikelfolge in nichtgeneralisierenden Texten D 7, E 2
und N 3).

3) Zu weiteren Bedingungen für den Artikelgebrauch
in effektiv-distributiven Generalisierungen vergleiche ausführlich D 9.

Der NA wird analog zu Regel E 5 in Generalisierungen vor einem Substantiv im Plural gebraucht,
das eine (beliebige) Teilmenge aus einer Gesamtheit gleichartiger Gegenstände beispielhaft
(= exemplarisch) für diese Gesamtheit setzt.

Man nennt solche Generalisierungen **exemplarische
Generalisierungen**.

> *Kinder* können das noch nicht begreifen. – So
> können nur *Bären* brummen. – *Zigeunern*
> liegt die Musik im Blut. – *Böse Zungen*

schneiden schärfer als ein Schwert. – Er hat wieder einmal mit *Kanonen* auf *Spatzen* geschossen.

Unter der Bedingung GENER EXEMPL steht bei einem Substantiv im Plural der NA. Im Singular steht unter der gleichen Bedingung der uA (vgl. E 5):

Ein Kind kann das noch nicht begreifen. – So kann nur· *ein* Bär brummen.

Beachte:

1) In Regel E 5 wird der Gebrauch des uA in exemplarischen Generalisierungen ausführlich dargestellt. Die dort formulierten Teilregeln gelten sinngemäß auch für den Gebrauch des NA.
2) Stoffbezeichnungen und Abstrakta können in exemplarischen Generalisierungen nicht verwendet werden.

N 8

> Der NA wird analog zu Regel E 6 in nichtgeneralisierenden Äußerungen vor einem Substantiv im Plural gebraucht, das eine (beliebige) Teilmenge aus einer Gesamtheit gleichartiger Gegenstände beispielhaft (= exemplarisch) für diese Gesamtheit setzt.

Man könnte in Anlehnung an N 7 auch von **partiell exemplarischen Äußerungen** sprechen. Sie kommen vor allem in (frei konstruierbaren) Vergleichen mit *wie* u. ä. vor.

Die Kinder sahen aus wie *kleine Schornsteinfeger*. – Sie klettern schon wie *richtige Bergsteiger*. – Für *Ausländer* sprechen sie sehr gut Deutsch.

Unter der Bedingung EXEMPL PART steht bei einem Substantiv im Plural der NA. Im Singular steht unter der gleichen Bedingung der uA (vgl. E 6):

Der Junge sieht aus wie *ein* Schornsteinfeger. – Er klettert schon wie *ein* richtiger Bergsteiger.

In Regel E 6 wird der Gebrauch des uA in partiell exemplarischen Äußerungen ausführlich dargestellt. Die
dort formulierten Details gelten sinngemäß auch für
den Gebrauch des NA.

N 9

Der NA wird analog zu Regel E 7 vor einem Substantiv im Plural gebraucht, das eine Gesamtheit
(Klasse) von Gegenständen bezeichnet, in die ein
einzelner Gegenstand oder ein gesamter Typ von
Gegenständen **(klassifizierend) eingeordnet** wird.

> (Die) Tannen sind *Nadelbäume.* – Diese Wör-
> ter sind *Substantive.* – Es sind ja noch *Kin-
> der!* – Sie sind *ausgezeichnete Sänger.* – Ihr
> seid *Dummköpfe!*

Unter der Bedingung KLASSIF steht vor einem Substantiv im Plural der NA. Im Singular steht unter der
gleichen Bedingung in der Regel der uA (vgl. E 7):

> Die / eine Tanne ist *ein* Nadelbaum. – Dieses
> Wort ist *ein* Substantiv.

Der NA wird im **Singular** bei solchen Substantiven
verwendet, die die Zugehörigkeit eines Menschen zu
einer bestimmten Gruppierung bezeichnen. Als Prädikate fungieren in der Regel *sein, bleiben, werden* oder
andere Verben mit *als.* Das gilt insbesondere für

1. die **Nationalität** oder die **Herkunft:**   N 9.1.

> Er ist *Österreicher.* – Sie ist *Ungarin.* – Er ist
> *Sachse.* – Sie ist *Berlinerin.*

2. den **Beruf** oder die **Funktion:**   N 9.2.

> Sie ist *Kindergärtnerin.* – Er wird *Lehrer.* – Sie
> arbeitet *als Kontrolleurin.* – Seit zwei Jahren
> ist sie *Rentnerin.* – Er wurde *als Vorsitzender*
> bestätigt. – Sie hat *Verkäuferin* gelernt, jetzt
> arbeitet sie *als Verkaufsstellenleiterin.*

3. die **Weltanschauung** oder die **Religion:**

> Er ist *Marxist.* – Sie ist *Genossin.* – Er handelt *als Christ.*

4. bestimmte andere Klassifizierungen:

> Er ist *Junggeselle.* – Sie ist *Witwe.* – Er ist *Linkshänder.* – Er ist *Alkoholiker.* – Er ist *Nichtraucher.*

Beachte:

1) Die in Regel E 7 formulierten Teilregeln gelten sinngemäß auch für N 9.
2) Der NA vermag im Plural nicht Berufsbezeichnungen im wörtlichen und im übertragenen Sinn voneinander abzuheben. Der Satz

> Sie sind *Schauspieler.*

kann auf zweierlei Weise interpretiert werden: 1. Sie sind von Beruf Schauspieler. 2. Sie verhalten sich wie Schauspieler. Im Singular wirkt der NA bzw. der uA differenzierend (vgl. E 7.3.b.):

> Er ist (von Beruf) *Schauspieler.* Aber: Er ist wieder mal *ein* richtiger Schauspieler.

3.4. Grammatische Konstruktion und Gebrauch des NA

N 10

> Der NA wird immer dann bei einem **Substantiv im Plural** gebraucht, wenn unter denselben Bedingungen im Singular der uA stehen müßte.

> Das Fenster haben *Jungen* aus der Nachbarschaft eingeschlagen. Aber: Das Fenster hat *ein* Junge aus der Nachbarschaft eingeschlagen. – Sie klettern schon wie *richtige Bergsteiger.* – Man könnte sich für dieses Problem auch *andere Lösungen* vorstellen. – *Kinder* können das noch nicht begreifen. – Diese Wörter sind *Substantive.*

Unter der Bedingung uA SING = NA PLURAL werden Substantive im Plural mit dem NA verwendet. Wir
geben eine zusammenfassende **Übersicht.**
Regel N 10 gilt insbesondere,

1. wenn das Substantiv eine in der betreffenden **Kom-
munikationssituation** unbestimmte Teilmenge von
Gegenständen bezeichnet (vgl. ausführlich N 1.1.,
N 5.1. und E 1):

   > Sicher schenkt er ihr zum Geburtstag wieder
   > *Bücher.* – Das Fenster haben *Jungen* aus der
   > Nachbarschaft zerschlagen.

2. wenn das Substantiv eine unbestimmte Teilmenge
   von Gegenständen bezeichnet, die **neu in einen
   Text eingeführt** werden (vgl. ausführlich N 3,
   N 5.3. und E 2):

   N 10.2.

   > Am vergangenen Montag kam es im Stadtge-
   > biet zu *zahlreichen schweren Verkehrsunfällen.*
   > Die Unfälle ereigneten sich in den frühen
   > Morgenstunden, als ...

3. wenn das Substantiv eine unbestimmte Teilmenge
   von Gegenständen bezeichnet, die durch ein **Attribut,** einen Nebensatz oder andere sprachliche Mittel das Merkmal – IDENT erhalten (vgl. ausführlich N 5.2., N 13 und E 8):

   N 10.3.

   > Man könnte sich für dieses Problem auch *an-
   > dere Lösungen* vorstellen. – Meiers haben
   > schon *größere Kinder* als Lehmanns.

4. wenn das Substantiv in einer **effektiv-distributiven
   Generalisierung** verwendet wird (vgl. ausführlich
   N 6 und E 4):

   N 10.4.

   > *Tannen* sind Nadelbäume. – *Kaninchen* sind
   > Nagetiere. – *Facharbeiter* brauchen eine gute
   > Allgemeinbildung.

5. wenn das Substantiv in einer **exemplarischen Ge-**

   N 10.5.

neralisierung verwendet wird (vgl. ausführlich N 7 und E 5):

> *Kinder* können das noch nicht begreifen. – *Zigeunern* liegt die Musik im Blut.

N 10.6.   6. wenn das Substantiv in einer **partiell exemplarischen Äußerung** verwendet wird (vgl. ausführlich N 8 und E 6):

> Die Kinder sahen aus wie *kleine Schornsteinfeger*. – Sie klettern schon wie *richtige Bergsteiger*.

N 10.7.   7. wenn das Substantiv **klassifizierend** verwendet wird (vgl. ausführlich N 9 und E 7):

> Diese Wörter sind *Substantive*. – Sie sind *Schauspieler*.

Beachte:

Der in Regel N 10 zusammenfassend dargestellte Gebrauch des NA bei Substantiven im Plural wird in verschiedenen Regeln ausführlich behandelt. Wir geben in N 10 zu jeder Teilregel einen Hinweis darauf, in welcher Regel detaillierte Informationen zu finden sind. Zugleich verweisen wir jeweils auf die analoge Regel für den Gebrauch des uA im Singular.

N 11

> Der NA wird bei Substantiven gebraucht, wenn diese **lediglich genannt** werden, ohne daß mit ihnen eine Person, ein Gegenstand usw. gemeint ist. Das Substantiv steht gleichsam als Name für sich selbst.

> Wie lautet der Plural von *Komma*? – Wie dekliniert man (das Wort) *Direktor*? – Wie heißt *Brot* auf russisch?

Unter der Bedingung GRAM KONSTR NENNUNG steht der NA.

Regel N 11 gilt insbesondere,

1. wenn ein Substantiv **im metasprachlichen Ge-**
   brauch selbst als Kommunikationsgegenstand verwendet wird:

   > Wie lautet der Plural von *Komma*? – Dieses N 11.1.
   > Tier heißt *Schimpanse.* – Ein solches Gerät
   > nennt man *Computer.*

2. wenn ein **undekliniertes Substantiv** („Einheitska- N 11.2.
   sus") attributiv bzw. als Apposition an ein Bezugswort angeschlossen wird:

   > Monika hat im Fach *Deutsch* eine Eins. – Es
   > gibt viele Veröffentlichungen zum Problem
   > *Umweltverschmutzung.*

   So auch: der Begriff *Entfernung,* das Kapitel *Stili-
   stik,* in Richtung *Bahnhof,* der Tagesordnungspunkt
   Verkehrssicherheit, das Thema *Auto* u. a. (vgl. auch
   N 23.2.b.).

Beachte:
Der bA oder der uA können unter der Bedingung
N 11.1. gesetzt werden, wenn sie für den Sprecher/
Schreiber von besonderem Interesse sind:

> Wie dekliniert man *„der* Nachbar"? – Wie
> sagt man russisch *„ein* Haus"? – Welcher Un-
> terschied besteht zwischen *„der* Tisch" und
> *„ein* Tisch"?

> Der NA ersetzt häufig den bA, wenn **zwei oder** **N 12**
> **mehr Substantive,** die in (engen) Bedeutungsbe-
> ziehungen zueinander stehen, durch *und* u. ä. mit-
> einander verbunden (koordiniert) werden.

> *Werra* und *Fulda* vereinigen sich zur Weser. –
> Der Patient kann schon wieder *Arme* und
> *Beine* bewegen. – Der Journalist nahm *Notiz-
> buch* und *Bleistift* zur Hand.

Unter der Bedingung GRAM KONSTR KOORDIN
wird häufig der NA verwendet.
Regel N 12 gilt insbesondere für die Koordination von

N 12.1.

1. **absoluten** Unika einschließlich Eigennamen (vgl. auch D 1):

> Unser Klima wird wesentlich durch *Sonne* und *Mond* beeinflußt. – *Werra* und *Fulda* vereinigen sich zur Weser. – *Frühling, Sommer, Herbst* und *Winter* sind die vier Jahreszeiten.

N 12.2.

2. **relationalen** Unika (vgl. auch D 2):

> Der Patient kann schon wieder *Arme* und *Beine* bewegen. – Es kam zu einer Auseinandersetzung zwischen *Intendant* und *Orchester*. – In der Wirtschaft spielt das Verhältnis von *Angebot* und *Nachfrage* eine große Rolle.

N 12.3.

3. **situativen** Unika (vgl. auch D 3 und D 4):

> Der Journalist nahm *Notizbuch* und *Bleistift* zur Hand. – Durch den Brand haben sie *Haus* und *Hof* verloren.

Beachte:

1) In diesen Konstruktionen kann auch der bA verwendet werden:

> Der Patient kann schon wieder *(die)* Arme und *(die)* Beine bewegen.

Wird nur ein Substantiv genannt, dann steht obligatorisch der bA:

> Der Patient kann schon wieder *die* Arme bewegen.

2) Auch partiell exemplarisch gebrauchte Substantive (vgl. E 6) können in derartigen Konstruktionen den NA haben:

> Worin besteht der Unterschied zwischen *Elefant* und *Nashorn?* Oder: Worin besteht der Unterschied zwischen *einem* Elefanten und *einem* Nashorn?

3) Regel N 12 behandelt frei bildbare syntaktische Konstruktionen. Sie sind von den lexikalisierten Zwillingsformeln (vgl. N 25.2.) zu unterscheiden:

> außer *Rand* und *Band*, mit *Kind* und *Kegel*, mit *Sack* und *Pack, Kopf* und *Kragen* riskieren usw.

4) Wenn zwei miteinander durch *und* verbundene Substantive **eine** Person bzw. **einen** Gegenstand bezeichnen, dann steht der bA bzw. der uA nur vor dem ersten Substantiv:

> Er war uns immer *ein* guter Freund und Helfer. – Er ist *unser* Deutschlehrer und Klassenleiter.

Diese Regel gilt uneingeschränkt, wenn beide Substantive das gleiche Genus, den gleichen Numerus und den gleichen Kasus haben. In anderen Fällen sollte auch das zweite Substantiv mit dem entsprechenden Artikel verwendet werden, vergleiche:

> Richtig: Hier gibt es Weine *vom* Rhein und *von der* Mosel. Oder: Hier gibt es Weine von *Rhein* und *Mosel*. Aber nicht: ˣHier gibt es Weine *vom* Rhein und Mosel. – Richtig: Er sucht *eine* Wohnung oder *ein* Zimmer. Aber nicht: ˣEr sucht *eine* Wohnung oder Zimmer. – Richtig: Er verbringt den Urlaub mit *seiner* Frau und *den* Kindern an der See. Oder: Er verbringt den Urlaub mit *Frau* und *Kindern* an der See. Aber nicht: ˣEr verbringt den Urlaub mit *seiner* Frau und Kindern an der See.

N 13

Der NA wird in einer Reihe von Konstruktionen mit einem **Attribut** gebraucht. Im Unterschied zum bA (vgl. D 13) und zum uA (vgl. E 8) spielt es dabei häufig keine Rolle, ob es sich um ein identifizierendes oder ein nichtidentifizierendes Attribut handelt.

> Bilden Sie *ähnliche Beispiele*! – Er spricht *mit großer Hochachtung* von ihr. – Kann ich noch *etwas Brot* haben? – Der Zug wird auf *Bahnsteig 14* bereitgestellt. – *Leipzigs Straßen* waren tief verschneit. – Monika ist *Peters Freundin*.

Unter der Bedingung GRAM KONSTR ATTRIB steht in einer Reihe von Fällen der NA.
Regel N 13 gilt insbesondere,

N 13.1.   1. wenn beim Substantiv im Plural ein **Adjektivattribut** steht, das ein Merkmal −IDENT enthält. Im Singular steht unter derselben Bedingung der uA (vgl. E 8.1.). Das betrifft vor allem

N 13.1.a.   a) Adjektive mit ausdrücklich **nichtidentifizierender Bedeutung**:

Bilden Sie *ähnliche Beispiele*! − Nennen Sie noch *weitere Adjektive*!

Folgende Adjektive stehen im Plural meist mit dem NA:

ähnliche	gewisse
andere (von mehreren)	unzählige
beliebige	weitere
bestimmte (= gewisse)	zahllose
genügende	zahlreiche

N 13.1.b.   b) **Adjektive im Komparativ**, denen ein Vergleich mit *als* folgt:

Meiers haben schon *größere Kinder* als Lehmanns. − Wir haben heute *modernere Maschinen* als damals.

N 13.1.c.   c) Adjektive im Superlativ mit der Bedeutung des **Elativs** (vgl. aber D 13.2.):

Dieser Betrieb verfügt über *modernste* (= sehr moderne) *Maschinen*. − *Jüngsten Angaben* zufolge hat sich die Zahl der Erdbebenopfer weiter erhöht. − Die Rettungsmannschaften konnten nur unter *größten Schwierigkeiten* vorankommen. − Er spricht mit *größter Hochachtung* von seinem ehemaligen Lehrer.

N 13.1.d.   d) die undeklinierten Adjektive *ganz* und *halb* (vgl. aber D 13.3. ◆ 3):

Ganz Italien wurde von einer Hitzewelle heimgesucht. − *Halb Europa* war tief verschneit.

e) Adjektive mit an sich „neutraler" Bedeutung, die aber im betreffenden **Kontext** bzw. in der betreffenden **Situation** nichtidentifizierend wirken oder wirken können:

Das sind *österreichische Erzeugnisse.* – Bilden Sie *korrekte Sätze*!

2. wenn beim Substantiv im Singular oder Plural **artikelähnliche Wörter** stehen:

Kann ich noch *etwas Brot* haben? – Auf dem Fußboden lagen *irgendwelche Zeitungen.* – Vor dem Eingang warteten *mehrere Leute.*

Solche artikelähnlichen Wörter sind:

alle(r)	kein
allerlei	keinerlei
beide	manch (ein)
ein bißchen	manche(r)
(ein) derartige(r)	mancherlei
deren	mehrere
dergleichen	mein (usw.)
derjenige	nichts
derlei	ein paar
derselbe	sämtliche(r)
dessen	so ein
diese(r)/dies	solch (ein)
einige(r)	(ein) solche(r)
etliche(r)	soviel/so viele
etwas	viel(er)
irgendein	vielerlei
irgendwelche(r)	was für (ein)
jeder	welch (ein)
jedweder	welche(r)
jegliche(r)	(ein) wenig(er)
jene(r)	wieviel/wie viele

Hinweise auf die Bedingungen für den Gebrauch dieser artikelähnlichen Wörter finden sich auf Seite 215 ff.

3. wenn beim Substantiv im Singular ein **Numerale** steht. Diese Regel gilt uneingeschränkt, wenn dem Substantiv eine **unflektierte Kardinalzahl** folgt:

> Der Zug nach Dresden wird auf *Bahnsteig 14* bereitgestellt. – Bitte schlagen Sie *Seite 44* auf und lesen Sie nach, was in *Paragraph 3* festgelegt ist! – Sie wohnen in *Zimmer 6*. – Er wohnt *Bahnhofstraße 8*. – *Wagen 1 und 2* sind Schlafwagen.

Ordinalzahlen stehen in der Regel mit dem bA (vgl. D 13.1.):

> Das Dienstabteil befindet sich *im* ersten Wagen.

Nimmt die **Ordinalzahl** keine eindeutige Identifizierung vor, dann steht der uA (vgl. E 8.1. ♦ 4) oder der NA:

> Peter, Monika und Karin haben beim Sportfest *zweite Plätze* belegt.

Das gilt insbesondere auch für nachgestellte Titel/Funktionsbezeichnungen mit einer Ordinalzahl:

> An dem Treffen nahm auch N. N., *Erster Stellvertreter* des Vorsitzenden, teil.

Hierher gehören auch bestimmte Wendungen, zum Beispiel:

> Peter lag seit dem ersten Durchgang *an zweiter Stelle*. – Er hat diese Nachricht *aus erster Hand*. – Das ist Peters Tochter *aus erster Ehe*. – Vor Ordinalzahlen steht *in erster Linie* der bestimmte Artikel. – Ich brauche noch eine Fahrkarte *zweiter Klasse* nach Dresden. – Das ist eine Landstraße *zweiter Ordnung*.

Ähnlich auch:

> Er konnte erst *in letzter Minute* zur Seite springen.

Der NA steht schließlich auch bei Ordinalzahlen nach *ab:*

Ab fünfte Klasse beginnt der Russischunterricht. – *Ab 1. September* geht Peter in eine andere Schule.

4. wenn dem Substantiv ein **Eigenname oder ein anderes Substantiv im Genitiv vorangestellt** ist:

> *Finnlands Staatspräsident* besucht die DDR. Aber: *Der* Staatspräsident Finnlands besucht die DDR. – *Leipzigs Straßen* waren tief verschneit. – Monika ist *Peters Freundin.* – Wir feiern *Vatis Geburtstag* zusammen mit *Monikas Freunden.*

Hierher gehören auch einige feste Wendungen, zum Beispiel:

> auf *Schusters Rappen,* von *Gottes Gnaden,* in *Gottes Hand* liegen, in *Teufels Namen,* in *Teufels Küche* kommen

sowie einige Sprichwörter:

> Undank ist *der Welt Lohn.* – *Des Menschen Wille* ist sein Himmelreich.

Beachte:
1) Nimmt das Attribut eine eindeutige Identifizierung vor, dann steht der bA (vgl. D 13). Substantive im Plural nach einem vorangestellten Genitiv (vgl. Punkt 4) bezeichnen trotz NA die Gesamtheit:
> *Leipzigs Straßen* (= *die/alle* Straßen Leipzigs) waren tief verschneit.

2) Bei einem Substantiv im Singular, das durch ein Attribut oder einen Nebensatz als nichtidentifiziert charakterisiert wird, steht der uA (vgl. E 8).

3) Regel N 13.1. gilt auch bei nur mitgedachtem Attribut:
> Das waren (z. B. schöne, anstrengende, ereignisreiche, ...) *Tage!*

4) Zur Ersetzbarkeit des NA durch artikelähnliche Wörter vergleiche N 1.1. ♦ 2, N 1.2. ♦ 4 und N 1.3. ♦ 3.

Der NA wird in einer Reihe von Konstruktionen mit bestimmten Verben verwendet.

N 14

> Er ist *Niederländer.* – Peter ist *Leiter* der Gruppe. – Heute ist *Tanz.* – Monika hat *weiße Zähne.* – Der Zug hat hier *Aufenthalt.* – Peter spielt gern *Fußball.* – Eine Kiste dient uns *als Tisch.* – Bitte nehmen Sie *Platz!* – Monika läuft gern *Ski.* – Peter lernt jetzt *Japanisch.* – Es ist *Sache* des Direktors, darüber zu entscheiden.

Unter der Bedingung GRAM KONSTR VERB SPEZIELL wird in einer Reihe von Fällen der NA gebraucht.

Regel N 14 gilt insbesondere für

N 14.1.
1. Konstruktionen mit den Verben *sein, werden, bleiben* (bei Berufsbezeichnungen auch *lernen*) und Bezeichnungen der Herkunft/Nationalität, des Berufs/der Funktion, der Weltanschauung/Religion oder anderer Klassifizierungen (vgl. ausführlich N 9):

> Er ist *Sachse.* – Sie wird *Kindergärtnerin.* – Er lernt *Schlosser.* – Er ist *Marxist.* – Sie ist *Witwe.*

N 14.2.
2. Konstruktionen mit den Verben *sein, werden, bleiben* und Täterbezeichnungen (Nomina Agentis). Neben dem NA ist auch der bA möglich:

> Peter ist *(der)* Leiter der Gruppe. – *(Der)* Autor des Buches ist Max Meier. – Neuer (oder: *der* neue) Rechtsaußen wird Peter Lehmann. – *(Der)* Dirigent ist Georg Schulz.

N 14.3.
3. Konstruktionen mit *sein* und *werden* und Abstrakta mit allgemeiner Bedeutung:

> Jetzt wird es endlich *Sommer.* – Im Oktober wird es allmählich *Winter.* – Heute wird es zeitig *Abend.* – Heute ist *Tanz.*

4. Konstruktionen mit *sein* und (vorangestellten) Substantiven wie *Bedingung, Fakt, Grundlage, Kriterium, Tatsache, Voraussetzung* usw. (zum Gebrauch des bA bei diesen und ähnlichen Substantiven vgl. D 13.4.e. und D 13.5. ♦ 3):

> *Bedingung* dafür ist, daß das Manuskript rechtzeitig abgeschlossen wird. – Es ist *Fakt* (oder: *Fakt* ist), daß du den Termin nicht eingehalten hast. – *Grundlage* dafür ist der reale Sprachgebrauch. – Es ist *Sache* des Direktors, darüber zu entscheiden. – Diese Probleme sind *Gegenstand* der Grammatik. – *Schwerpunkt* der Diskussion waren Fragen der Sprachpflege.

5. Konstruktionen mit *haben* und den Bezeichnungen von Körperteilen u. ä. im Plural (vgl. aber D 2.1.a.):

> Peter hat *blaue Augen*. – Monika hat *schöne weiße Zähne*. – Er hat ziemlich *lange Arme*.

Im Singular steht der uA:

> Er hat *eine* lange Nase. – Er hat *einen* breiten Mund.

6. Konstruktionen mit *haben* und Abstrakta mit allgemeiner Bedeutung:

> Peter hat *Mut*. – Monika hat *Geduld*. – Der Zug hat hier *Aufenthalt*.

So auch: Angst, Durst, Ferien, Fieber, Geburtstag, Hunger, Lust, Mühe, Pech, recht, Rheuma, Scharlach, Urlaub, Verspätung, Wut, Zorn haben u. a.

7. Konstruktionen mit *spielen, trainieren, üben, singen, tanzen* usw. und den Bezeichnungen von Sportarten, Spielen, Musikinstrumenten, Stimmlagen und Tänzen (vgl. aber D 1.6.a.):

> Peter spielt gern *Fußball*. – Monika übt täglich eine Stunde *Flöte*. – Die Gäste am Nachbartisch spielen *Skat*. – Peter singt *Bariton*. – Sie tanzen gern *Walzer*.

8. Konstruktionen mit Verben wie *beherrschen, können, lernen, sprechen* und den Bezeichnungen der Sprachen (vgl. aber D 1.6.f.):

N 14.8.
Monika beherrscht *Englisch* in Wort und Schrift. – Peter lernt jetzt *Japanisch*. – Jan spricht sehr gut *Deutsch*.

N 14.9.
9. Konstruktionen mit verschiedenen Verben und *als:*

Eine Kiste diente uns *als Tisch*. – Er wurde *als erster Präsident* gewählt. – Ich sage dir das *als Freund*. – Er fühlt sich schon *als Weltmeister*.

N 14.10.
10. Konstruktionen mit *es besteht* und Substantiven wie *Aussicht, Grund, Veranlassung* usw.:

Es besteht *Aussicht*, daß das Buch in einer neuen Auflage erscheint. – Es besteht *Grund* zu der Annahme, daß der Angeklagte noch weitere Personen betrogen hat. – Es besteht *Veranlassung*, die Anlieger an ihre gesetzliche Streupflicht zu erinnern.

N 14.11.
11. zahlreiche andere verbale Wortgruppen und Wendungen (vgl. dazu auch N 25 und demgegenüber D 18 und E 12):

Abschied feiern	Pfeife rauchen
Abstand halten	Platz nehmen
Atem holen	Radio hören
Aufsehen erregen	Salut schießen
Auto fahren	Schritt fahren
Beifall klatschen	Ski laufen
Feuer machen	Spalier bilden
Flagge zeigen	Unterricht erteilen
Frieden schließen	Verdacht schöpfen
Fuß fassen	Widerstand leisten
Geburtstag haben	Zeitung lesen
Haltung annehmen	Zivil tragen
Hochzeit feiern	Zoll bezahlen
Licht machen	u. v. a.

1) Bei Attribuierung der entsprechenden Substantive kann oder muß der bA (vgl. D 13) bzw. der uA (vgl. E 8) stehen:

> Er ist *(ein)* überzeugter Atheist. – Monika hat *(eine)* große Geduld. – Sie hat *die* größte Geduld von uns allen. – Er fühlt sich schon als neuer (oder: *der* neue) Weltmeister. – Peter liest *die* gestrige Zeitung. – Monika spricht *ein* ausgezeichnetes Französisch.

Unter der Bedingung N 14.2. stehen NA und bA gleichwertig nebeneinander:

> Peter ist *(der)* Leiter der Gruppe.

2) Besonders die unter N 14.6., N 14.7. und N 14.11. genannten Konstruktionen stehen mehr oder weniger in der Nähe fester phraseologischer Wendungen. Vergleiche dazu auch N 25. Bei manchen Infinitiven ist das Substantiv bereits auch orthographisch ins Verb integriert: *kopfstehen, maschineschreiben, radfahren* u. a. Aber: Er steht *kopf* / schreibt *Maschine* / fährt *Rad*.

3) Bei anderen als den in 14.10. genannten Substantiven steht nach *es besteht* der bA:

> Es besteht *die* Möglichkeit, diese Bücher auch auszuleihen. – Es besteht *der* Verdacht, daß der Täter noch weitere Personen geschädigt hat.

4) Zum Gebrauch des uA in klassifizierenden Sätzen vergleiche E 7.3.:

> Er ist *ein* Lügner. – Er ist *ein* richtiger Schauspieler.

Der NA steht in zahlreichen Funktionsverbgefügen.   N 15

Sie werden künftig als FVG bezeichnet.

> Die bisherige Regelung wird damit *außer Kraft* gesetzt. – Peter hat an diesem Vorschlag *Kritik* geübt. – Er hat *Kenntnis* von die-

sem Vorschlag genommen. – Er hat seine Beteiligung *in Abrede* gestellt.

Unter der Bedingung GRAM KONSTR FVG steht in einer Reihe von Fällen der NA (vgl. aber D 14 und E 9).

Regel N 15 gilt insbesondere,

N 15.1. 1. wenn zum FVG die **Präposition** *außer* oder *unter* gehört:

Die bisherige Regelung wird damit *außer Kraft* gesetzt. – Er hat seine Unschuld *unter Beweis* gestellt.

So auch: jem. unter Anklage/Aufsicht/Quarantäne/Vormundschaft stellen, etw. unter Dampf/Druck/Feuer/Verschluß halten, unter Alkohol/Druck/Spannung stehen, etw. außer Betrieb setzen, außer Kontrolle geraten, außer Gefahr sein u. a.

N 15.2. 2. für einige FVG mit einem **Substantiv im Akkusativ** ohne Attribut:

Peter hat von diesem Vorschlag *Kenntnis* genommen. – Er hat an diesem Vorschlag *Kritik* geübt. – Das neue Verfahren wird demnächst schon *Anwendung* finden.

So auch: Anerkennung/Aufnahme/Beachtung/Berücksichtigung/Erwähnung finden, Bescheid bekommen, Geltung haben, Rückschau halten; jem. Beistand/Folge/Hilfe leisten, jem./etw. Vorschub leisten; Widerstand leisten, Aufstellung/Schaden nehmen; jem. Antwort geben, jem. Auskunft erteilen, jem. Einhalt gebieten, jem. Mitteilung machen, jem./etw. Rechnung tragen u. a.

N 15.3. 3. für zahlreiche FVG, deren Substantiv im Akkusativ mit einem (präpositional angeschlossenen) **Attribut** gebraucht werden muß (vgl. aber D 14.4. und E 9.2.):

Anlaß zu etw. geben, Anspruch auf etw. erheben, Anteil an etw. haben/nehmen, Anzeige gegen jem./wegen etw. erstatten, Berufung gegen etw. einlegen, Bescheid über etw. wissen, Besitz von etw./jem. ergreifen, Einfluß auf jem./etw. gewinnen/nehmen, Gebrauch von etw. machen, Gelegenheit zu etw. haben, Kenntnis von etw./jem. nehmen, Klage gegen jem./wegen etw. erheben, Rache an jem. nehmen, Reue wegen etw. empfinden, Schluß mit etw./jem. machen, Stellung zu etw. nehmen, Zuflucht vor etw./jem. suchen, Zweifel an etw. haben/hegen u. a.

4. für zahlreiche FVG mit der **Präposition** *in* oder *zu* (vgl. aber D 14.2.):

> etw. in Abrede stellen, jem. in Angst versetzen, etw. in Anwendung bringen, jem. in Aufregung versetzen, etw. in Betracht ziehen, etw. in Betrieb nehmen/setzen, etw. in Brand stekken, etw. in Gang halten/setzen, jem. in Gefahr bringen, in Not geraten, mit jem. in Verbindung treten; etw. zu Ende bringen/führen, jem. zu Fall bringen, zu Fall kommen, jem. zu Grabe tragen u. a.

Beachte:
1) Zahlreiche FVG ohne Attribut haben den bA (vgl. D 14.1. bis D 14.3.), einige auch den uA (vgl. E 9.1.).
2) Viele FVG können mit oder ohne Attribut gebraucht werden. Enthält das Attribut ein Merkmal + IDENT, dann steht in der Regel der bA, auch wenn im nichtattribuierten FVG der NA stehen muß:

> Wir werden die Sache *zum* erwarteten Ende bringen. Aber: Wir werden die Sache erwartungsgemäß *zu Ende* bringen.

Bei Graduierungsadjektiven im Superlativ ist der bA fakultativ:

> Das hat sie in *(die)* größte Verlegenheit gebracht.

Bei nichtidentifizierenden Attributen steht der NA oder der uA:

> Das hat sie in *(eine)* große Verlegenheit gebracht.

Die unter N 15.3. genannten FVG stehen trotz (identifizierendem) Attribut mit dem NA.

N 16

> Der NA steht nach einigen **Präpositionen**. Dabei spielt es keine Rolle, ob das Substantiv identifiziert ist oder nicht.

> Der Zug fährt *ab Ostbahnhof.* – Die Vögel ziehen schon wieder *gen Süden.* – Diese Figuren kosten 10 Mark *je/pro Stück.* – Wir schicken den Brief *per Luftpost.* – Der Transport erfolgt *via Tschechoslowakei.* – Diese Angelegenheit muß *von Amts wegen* geklärt werden. – Der Polizist nahm den Mann *zwecks Überprüfung* der Personalien mit auf die Wache.

Unter der Bedingung GRAM KONSTR PRÄP SPEZIELL wird der NA gebraucht. Das gilt insbesondere für folgende Präpositionen:

ab

1) lokal:

> Der Zug fährt *ab Ostbahnhof.*

So auch: ab Bahnsteig 10, ab Kaufhalle West; etw. ab Lager liefern, etw. direkt ab Werk versenden u. a.

2) temporal:

> Der neue Fahrplan gilt *ab Juni.* – *Ab nächsten Monat* gilt der Winterfahrplan.

So auch: ab (nächsten/kommenden) Montag, ab nächstes Jahr, ab nächste Woche, ab 1990 u. a. – Ab Abfahrtssignal nicht mehr einsteigen! (Aufschrift in öffentlichen Verkehrsmitteln)

1) lokal (besonders in der Umgangssprache):

> Die Busse verkehren heute nur *bis Bahnhof.*

So auch: bis Kaufhalle, bis Stadion, bis Waldsiedlung u. a.

2) temporal:

> Der Fahrplan gilt *bis Mai.*

So auch: bis Montag, von Montag bis Freitag, bis nächsten Sommer, bis voriges Jahr

Aber: Nach *bis zu* steht der bA:

> Der Bus fährt nur bis *zur* Kaufhalle. – Der Fahrplan gilt nur noch bis *zum* Montag.

gen

> Die Vögel ziehen schon wieder *gen Süden.*

So auch: gen Norden, gen Osten, gen Westen

Aber: Bei *in* ist der bA obligatorisch, bei *nach* ist er fakultativ:

> Die Vögel ziehen in *den* Süden. – Die Vögel ziehen nach *(dem)* Süden.

je

> Diese Figuren kosten 10 Mark *je Stück.*

So auch: 8 Pfennig je Kilometer, 10 Tonnen Garn je Schicht; je nach (dem) Angebot, je nach (der) Jahreszeit u. a.

Aber: In anderen Konstruktionen steht der bA oder der uA:

> Diese Figuren kosten 10 Mark *das* Stück. – Sie erzeugen 10 Tonnen Garn in *einer* Schicht.

per

> Wir schicken den Brief *per Luftpost.*

So auch: per Achse, per Anhalter, per Bahn, per Eilboten, per Funk, per Nachnahme, per Post, per Schiff u. a.

pro

> Diese Figuren kosten 10 Mark *pro Stück.*

So auch: pro Stunde, pro Tag, pro Kopf (der Bevölkerung) u. a.

via

> Der Transport erfolgt *via Tschechoslowakei.*

von ... wegen

> Diese Angelegenheit muß *von Amts wegen* geklärt werden.

So auch: von Berufs wegen, von Gesetzes wegen, von Rechts wegen, von Staats wegen u. a.

zwecks

> Der Polizist nahm den Mann *zwecks Überprüfung* der Personalien mit auf die Wache.

So auch: zwecks Bearbeitung, zwecks Feststellung, zwecks ärztlicher Untersuchung u. a.

 Beachte:

1) Die hier dargestellten Präpositionen haben regulär den NA zur Folge. Andere Präpositionen können in bestimmten Satzgliedern (vgl. N 17.4., N 18.2./3., N 19, N 20.5., N 21.2./3.) oder in festen Wendungen (vgl. N 24 und N 25) ebenfalls den NA haben, während sie in anderen Konstruktionen mit dem bA oder dem uA stehen.

2) Einige Präpositionen können einen Kasus regieren, sie können aber auch ohne erkennbare Rektion (mit dem „Einheitskasus") gebraucht werden. Ohne erkennbare Rektion führen sie beim Substantiv zum NA:

> einschließlich Porto, infolge Unfall, laut Verordnung, mittels Computer, trotz Gewitter, wegen Inventur u. a.

3) Die nur noch selten gebrauchte Präposition *bar*
steht immer mit *alle(r), jede(r)* oder *jegliche(r)*:

> Er kam bar *aller* Mittel zu Hause an. – *Jeder* Hoffnung bar setzte er seinem Leben ein Ende.

4) In einer Reihe von Fällen steht die Präposition *von* als „Genitiversatz". Das gilt insbesondere

    a) bei Substantiven im Plural mit dem Merkmal – IDENT (vgl. N 5 und N 10):

> Sie hörte das leise Knacken *von Zweigen.* Aber: Sie hörte das leise Knacken *eines* Zweiges.

    b) bei Stoffnamen und Abstrakta mit dem Merkmal – IDENT (vgl. N 5 und N 10):

> Sie nahm den Duft *von frischem Heu* wahr. Aber: Sie nahm den Duft *einer* Rose wahr. – Sie bemerkte in seinem Gesicht einen Zug *von Hochmut.*

    c) bei Koordination zweier Substantive durch *und* (vgl. N 12):

> Das gilt ohne Unterschied *von Alter und Geschlecht.*

    d) bei Kardinalzahlen (vgl. E 10 und N 13):

> Sie ist Mutter *von drei Kindern.* – Sie ist eine Dame *von siebzig Jahren.* – Das Bild hat einen Wert *von 5 000 Mark.* – Die Brücke hat eine Länge *von 200 Metern.*

Nach *Hunderte, Tausende* usw. steht *von* fakultativ:

> Im Stadion waren *Tausende Zuschauer.* Oder: Im Stadion waren *Tausende von Zuschauern.*

    e) bei vorangestelltem Genitiv (vgl. N 13.4.):

> Peter gefällt die Farbe *von Monikas Mantel.* – Sie fahren in die Umgebung *von Monikas Dorf.*

    f) bei Eigennamen mit dem NA (vgl. N 23):

> Das ist ein Bild *von Renoir.* – Wir fahren gern in die Umgebung *von Leipzig.* – Sie hörten eine Sendung *von Radio DDR.*

5) Ähnlich wie die in N 16 dargestellten Präpositionen verhalten sich auch *voll* bzw. *voller*:

Er berichtete *voll(er) Stolz* über seine Ein-
drücke. – Im Zimmer stand eine Kiste *voll(er)*
Bücher.

N 17

Der NA wird in einigen **Temporalkonstruktionen**
verwendet, auch wenn das Substantiv über ein
Merkmal + IDENT verfügt.

Der Unterricht beginnt erst *(nächsten) Diens-*
tag. – Wir haben uns *vergangene Woche* getroffen. – Der Kurs beginnt *Anfang nächster Wo-*
che. – Der Fahrplan gilt *ab/bis (nächsten)*
Montag. – Wir sind schon *bei/vor Tagesan-*
bruch aus dem Haus gegangen. – *Nach Ablauf*
dieser Frist erlischt der Garantieanspruch. –
Peter kommt erst *zu/nach Weihnachten* wieder
nach Hause.

Unter der Bedingung GRAM KONSTR TEMP SPE-
ZIELL wird in einer Reihe von Fällen der NA gebraucht (zur Verwendung des bA in anderen Temporalkonstruktionen vgl. D 15).
Regel N 17 gilt insbesondere

N 17.1.

1. bei den **Wochentagen** im Akkusativ oder mit den
Präpositionen *ab, bis, seit* mit oder ohne Attribut
(vgl. aber D 15):

Der Unterricht beginnt erst *(nächsten) Diens-*
tag. – Monika hat Peter *(vergangenen) Montag*
getroffen. – Die Tagung dauert noch *bis (kom-*
menden) Freitag.

N 17.2.

2. bei den Namen der **Monate** und **Jahreszeiten** sowie bei *Woche, Monat, Jahr* im Akkusativ oder mit
den Präpositionen *ab, bis, seit* mit Adjektivattribu-
ten wie *kommende, letzte, nächste, vergangene* usw.
oder *diese*:

Ein neuer Kurs beginnt erst *nächste Woche/*
nächsten Monat/nächstes Jahr. – Wir haben

uns *vergangene/diese Woche* getroffen. – Der
Kurs dauert *bis (nächsten) Mai/bis nächstes
Frühjahr.*

3. bei *Anfang, Mitte, Ende* in Verbindung mit den attribuierten Substantiven *Woche, Monat, Jahr* im Genitiv:

> Der Kurs beginnt *Anfang nächster Woche/Ende
> dieses Monats/Mitte nächsten Jahres.*

Dasselbe gilt auch für die Kombination von *Anfang,
Mitte, Ende* mit nichtattribuierten Monatsnamen
und Jahreszahlen:

> Der Kurs beginnt *Anfang März/Mitte Mai/
> Ende 1988.*

4. in einer Reihe von Temporalkonstruktionen mit
Präpositionen. Hierher gehören Konstruktionen
mit

ab

> Der Fahrplan gilt *ab Montag/ab nächste Wo-
> che/ab 21. Mai.*

auf

> Wir verabschieden uns nun *auf längere Zeit.*

bei

> Wir sind schon *bei Tagesanbruch* aus dem
> Haus gegangen.

So auch: bei Tag(e), bei Nacht, bei Nacht und Nebel, bei Beginn/Ende der Vorstellung, bei Abfahrt
des Zuges, bei (eintretender) Dunkelheit, bei (pas-
sender) Gelegenheit, bei Kriegsende u. a.

binnen

> Die Arbeit muß *binnen Jahresfrist* abgeschlos-
> sen sein.

bis

> Diese Arbeit mußt du *bis nächste Woche/bis
> (nächsten) Montag* abgeschlossen haben.

So auch: bis Mai, bis nächstes Jahr, bis Ende März, bis Weihnachten, bis Ostern, bis 1. April, bis 1988 u. a.

gegen

Wir treffen uns *gegen Mittag.*

So auch: gegen Morgen, gegen Abend, gegen Mitternacht, gegen Ende des Jahres, gegen Ende der Veranstaltung u. a.

mit

Mit Einbruch der Dunkelheit ist die Beleuchtung einzuschalten.

So auch: mit Beginn der Sommerzeit, mit eintretender Dunkelheit, mit Einsetzen des Frostes, mit Sonnenaufgang, mit Tagesanbruch, mit Wirkung vom 1. April u. a.

nach

1) ohne Attribut:

Er kam erst *nach Mitternacht* nach Hause.

So auch: nach Mittag, nach Tisch, nach Ostern, nach Weihnachten u. a.

2) mit obligatorischem Attribut:

Nach Ablauf dieser Frist besteht kein Garantieanspruch mehr.

So auch: nach Abschluß/Beendigung der Arbeiten, nach getaner Arbeit, nach Durchsicht/Prüfung der Unterlagen, nach langem Hin und Her, nach langem, schwerem Leiden, nach eingehender Prüfung, nach reiflicher Überlegung u. a.

seit

Wir haben uns *seit (vergangenem) Oktober* nicht mehr gesehen.

So auch: seit Beginn/Beendigung der Arbeiten, seit Ende Mai, seit Jahresfrist, seit vergangenem Jahr, seit Kriegsausbruch/-ende, seit (Oktober) 1985 u. a.

Er kam erst *um Mitternacht* (herum) nach
Hause.

So auch: um Mittag, um Ostern, um Weihnachten
u. a.

von

1) *von ... an/auf:*

Er hat sich *von Kindheit an* für Fremdsprachen
interessiert.

So auch: von (frühester) Jugend an, von Anfang an,
von Stund an, von Kind auf u. a.

2) *von ... bis:*

Dieses Geschäft ist *von Montag bis Freitag* ge-
öffnet.

So auch: von Mai bis September, in der Nacht von
Sonnabend auf/zu Sonntag u. a.

vor

Wir sind *vor Tagesanbruch* losgegangen.

So auch: vor Anbruch/Einbruch der Dunkelheit,
vor Beginn/Ende der Veranstaltung, (noch) vor
Freitag, vor Ladenschluß, vor Sonnenaufgang/-un-
tergang u. a.

zu

Peter sprach *zu Beginn* der Diskussion.

So auch: zu Anfang, zu Ende, zu Mittag, zu Ostern,
zu Pfingsten, zu Weihnachten, in der Nacht von
Sonnabend zu Sonntag, zu Zeiten, zu gegebener
Zeit, zu gleicher Zeit u. a.

Beachte:
1) Mit den Präpositionen *an, bis zu* und *in* stehen die
in N 17.1. bis N 17.3. genannten Substantive mit
dem bA (vgl. D 15):

Der Unterricht beginnt erst *am* (nächsten)
Dienstag. – Ein neuer Kurs beginnt erst in
der nächsten Woche/*im* (kommenden) Früh-

jahr. – Der Kurs dauert noch bis *zum* Ende dieses Monats.

2) In einigen Konstruktionen ist sowohl der NA als auch der bA ohne wesentlichen Bedeutungsunterschied möglich:

> *bis nächste Woche* / bis *zur* nächsten Woche, mit *(dem)* Einsetzen des Frostes, nach *(dem)* Abschluß der Arbeiten, *seit vorigem Montag* / seit *dem* vorigen Montag, vor *(dem)* Beginn der Veranstaltung, *zu gleicher Zeit* / *zur* gleichen Zeit, *zu gegebener Zeit* / *zur* gegebenen Zeit u. a.

3) Manche Präpositionen haben in Verbindung mit bestimmten Substantiven den NA zur Folge, in Verbindung mit anderen Substantiven stehen aber der bA oder artikelähnliche Wörter:

> *seit Montag, seit Oktober,* aber: seit *dem* Morgen, seit *diesem* Frühjahr, seit *jener* Zeit, seit *seiner* Geburt u. a.

N 18

> Der NA wird in einigen **Modalkonstruktionen** verwendet, auch wenn das Substantiv über ein Merkmal + IDENT verfügt.

> Sie ging *schnellen Schrittes* über die Straße. – Er verließ *mit erhobenem Haupt* das Zimmer. – Diese Figuren werden *auf traditionelle Weise* hergestellt. – Er schläft gern *bei offenem Fenster.* – Sie hat den Brief *in (großer) Eile* geschrieben. – Sie hat den Artikel *ohne (große) Mühe* übersetzt. – Sie erreichten das Ziel *unter Aufbietung aller Kräfte.*

Unter der Bedingung GRAM KONSTR MODAL SPEZIELL wird in einer Reihe von Fällen der NA gebraucht.

Regel N 18 gilt insbesondere

N 18.1. 1. bei **Genitivkonstruktionen** mit einem attributiven Adjektiv bzw. Partizip:

Sie ging *schnellen Schrittes* über die Straße. –
Er verließ *erhobenen Hauptes* das Zimmer. –
Er trennte sich nur *schweren Herzens* von seiner Briefmarkensammlung. – Sie gelangten
trockenen Fußes ans andere Ufer.

Diese Konstruktionen können sowohl als Modalbe-
stimmungen

> Er verließ *erhobenen Hauptes* das Zimmer.
> (= Er verließ *stolz* das Zimmer.)

als auch als prädikative Attribute zum Subjekt interpretiert werden:

> Er verließ *erhobenen Hauptes* das Zimmer.
> (= Als er das Zimmer verließ, *war/blieb sein
> Haupt erhoben.*)

Als Substantive in dieser Konstruktion kommen vor
allem solche Wörter in Frage, die Körperteile (*wachen Auges, trockenen Fußes, erhobenen Hauptes,
schweren Herzens, gesenkten Kopfes* u. a.), die Psyche
(*wachen Geistes, guten Glaubens, frohen Mutes* u. a.)
oder einfache Tätigkeiten des Menschen (*starren
Blickes, schnellen Schrittes* u. a.) bezeichnen.

2. bei **Präpositionalkonstruktionen** mit der Präposition *mit*, die zu den in N 18.1. dargestellten Genitivkonstruktionen in synonymischen Beziehungen
stehen:

> Sie ging *mit schnellem Schritt/mit schnellen
> Schritten* über die Straße. – Er verließ *mit er-
> hobenem Haupt* das Zimmer. – Er trennte sich
> nur *mit schwerem Herzen* von seiner Briefmar-
> kensammlung. – Sie gelangten *mit trockenen
> Füßen* ans andere Ufer.

3. in einer Reihe weiterer Modalkonstruktionen mit
Präpositionen. Hierher gehören Konstruktionen
mit

auf

> Diese Figuren werden *auf traditionelle Weise*
> hergestellt.

So auch: auf breiter Basis, auf Borg, auf Eiweißbasis, auf Erdölbasis, auf Kohlebasis, auf Kredit, auf Pump, auf Rechnung, auf Scheck, auf Staatskosten u. a.

bei

> Der Patient wurde *bei (vollem) Bewußtsein* operiert.

So auch: bei Androhung einer Geldstrafe, bei offenem Fenster, bei lebendigem Leibe, bei Licht, bei vollem Lohnausgleich u. a.

in

1) ohne Attribut; Art der Darstellung:

> Er hat das Bild *in Öl* gemalt.

So auch: etw. in Antiqua setzen, etw. in C-Dur spielen, etw. in Druckschrift schreiben u. a.

2) (meist) mit Attribut; Art und Weise:

> Sie hat den Brief *in (großer) Eile* geschrieben.

So auch: in hohem Bogen, in höchstem Maße, in Mode, in höchster Not, in tiefem Schmerz, in bester Stimmung, in großem Stil, in vollem Umfang, in frei konvertierbarer Währung, in freundlicher/ unnachahmlicher Weise, in schlechtem Zustand; in Begleitung (von), in Gegenwart (von) u. a.

mit

1) ohne Attribut; Instrument oder Kleidungsstück:

> Er kann das nur *mit Brille* lesen.

So auch: mit Badekappe, mit Hut, mit Krawatte usw.; etw. mit Bleistift/mit Kugelschreiber/mit Maschine schreiben u. a.

2) mit oder ohne Attribut; Art und Weise:

> Er hat das *mit (voller) Absicht* getan.

So auch: mit (gutem) Appetit, mit (großem) Argwohn, mit (großer) Ausdauer, mit (großer) Beharrlichkeit, mit hoher Geschwindigkeit, mit (freundlichem) Gruß, mit (zitternder) Hand, mit (großer) Herzlichkeit, mit (vorzüglicher) Hochachtung, mit (großer) Mühe, mit (großem) Nachdruck, mit (großer) Sicherheit, mit lauter Stimme, mit (hoher) Wahrscheinlichkeit, mit schwerer Zunge u. a.

nach

1) ohne Attribut:

> Sie haben *nach Herzenslust* gegessen und getrunken.

So auch: nach Gebühr, nach Gewicht, nach Maß u. a.

2) mit Attribut:

> Die Feier fand *nach altem Brauch* statt.

So auch: nach Art des Hauses, nach polnischer Art u. a.

ohne

1) ohne Attribut; Instrument oder Kleidungsstück:

> Er kam *ohne Krawatte*. Die Schüler übersetzten den Text *ohne Wörterbuch.*

So auch: ohne Badekappe, ohne Hut usw.; etw. ohne Brille lesen (können), sich ohne Kompaß orientieren (können), die Tür ohne Schlüssel öffnen (können) u. a.

2) ohne Attribut; Nichtbesitz:

> Er ist *ohne Vater* aufgewachsen.

So auch: ohne Arbeit sein, ohne (eigenes) Einkommen sein u. a.

3) meist ohne Attribut; Art und Weise:

> Sie hat den Artikel *ohne (große) Mühe* ins Russische übersetzt.

So auch: ohne Angst, ohne (innere) Anteilnahme, ohne Aufmerksamkeit, ohne Hast, ohne Interesse u. a.

Über Mikrophon klingt seine Stimme ganz anders.

So auch: über Funk, über Lautsprecher, über Satellit u. a.

unter

1) mit oder ohne Attribut:

Seine Worte wurden *unter (heftigem) Protest* aufgenommen.

So auch: unter (großem) Beifall, unter (moralischem) Druck, unter Eid, unter Lebensgefahr, unter (lautem) Stöhnen, unter Vorbehalt, unter Zeitdruck u. a.

2) mit Attribut:

Sie erreichten das Ziel *unter Aufbietung aller Kräfte*.

So auch: unter Angabe des Preises, unter Ausnutzung aller Möglichkeiten, unter Ausschluß der Öffentlichkeit, unter Berücksichtigung aller Umstände, unter Berufung auf einen Zeugen, unter Bezugnahme auf Ihr Schreiben, unter Einbeziehung aller Aspekte, unter Federführung von Prof. Müller, unter Leitung von Dr. Lehmann, unter Mitwirkung des Fernsehballetts, unter vollem Namen, unter Umgehung der Vorschriften, unter Verwendung historischer Dokumente, unter Vorlage dieser Benachrichtigung, unter Vorspiegelung falscher Tatsachen u. a.

von

Diese Figuren werden noch *von Hand* hergestellt.

zu

Er ist *zu Fuß* gekommen, nicht mit dem Auto.

So auch: zu Pferde, hoch zu Roß, zu Schiff; zu Recht, zu Unrecht u. a.

1) Analog zu N 18.1. können auch in anderen Satzgliedern Genitivkonstruktionen mit dem NA verwendet werden, so

a) im Prädikativ (vgl. N 20):

Er war *guter Laune.* – Das Substantiv ist *weiblichen Geschlechts.* – Sie sind *gleichen·Alters.*

b) in Objekten:

Er erfreut sich *bester Gesundheit.* – Er bedarf *unverzüglicher Hilfe.* – Er ist *mehrfachen Mordes* schuldig.

c) in Attributen (vgl. N 21):

Er sucht eine Partnerin *gleichen Alters.* – Der Kurs begann im Mai *vorigen Jahres.* – Der Appell richtet sich an alle Menschen *guten Willens.* – Er sah darin ein Problem *ersten Ranges.*

Allerdings gelten zuweilen auch andere Artikelfestlegungen:

Um diese Zeit pflegt er *der* Ruhe. – Das war doch nicht *der* Rede wert. – Es war eine Nacht *des* Schreckens. – Er besuchte sie gewöhnlich *des* Abends. – Er besuchte sie *eines* Abends. – *Eines* (schönen) Tages kehrte er zurück.

2) Manche Präpositionen haben in Verbindung mit bestimmten Substantiven den NA zur Folge, in Verbindung mit anderen Substantiven gelten aber andere Artikelfestlegungen:

in Eile, in Not, in Ruhe, aber: *im* Detail, *im* Ernst, *im* Spaß; etw. *mit Maschine* schreiben, aber: etw. mit *der* Hand schreiben u. a.

3) Zuweilen kann neben dem NA auch der bA oder der uA ohne wesentlichen Bedeutungsunterschied gebraucht werden:

in schlechtem Zustand/ in *einem* schlechten Zustand, mit *(der/einer)* Badekappe schwimmen, ohne *(einen)* besonderen Grund fehlen, *mit großer Beharrlichkeit/* mit *einer* großen Beharrlichkeit u. a.

N 19 Kausalkonstruktionen werden hier im weiteren Sinne verstanden. Zu ihnen zählen auch Final-, Konditional-, Konsekutiv- und Konzessivkonstruktionen.

> Der Angeklagte wurde *auf Bewährung* verurteilt. – Sie hat das *aus Angst* getan. – Das Betreten dieses Geländes ist *bei Strafe* verboten. – Das Haus ist *durch Blitzschlag* zerstört worden. – Die Angelegenheit wurde *gemäß/ laut Verordnung* vom 1.1.1985 entschieden. – Er wurde *in Anbetracht* seines Alters freigesprochen. – Er ist *nach Ansicht* des Gerichts unschuldig. – Sie zitterte *vor Kälte*. – Er ist *wider Erwarten* doch noch gekommen.

Unter der Bedingung GRAM KONSTR KAUSAL SPEZIELL wird in einer Reihe von Fällen der NA gebraucht.

Regel N 19 gilt insbesondere für Kausalkonstruktionen mit folgenden **Präpositionen:**

auf

1) ohne Attribut:

> Der Angeklagte wurde *auf Bewährung* verurteilt.

So auch: auf Abruf, auf Befehl, auf Bestellung, auf Verdacht, auf Wache gehen, auf Zeit spielen u. a.

2) mit Attribut:

> Er ist *auf Anraten des Arztes* zur Kur gefahren. – Er hat sich *auf Wunsch seiner Eltern* zu dieser Reise entschlossen.

So auch: auf Anordnung, auf Anregung, auf Betreiben, auf Drängen, auf Einladung, auf Einspruch, auf Empfehlung, auf Ersuchen, auf Grund/aufgrund, auf Initiative, auf Kosten, auf Veranlassung u. a.

1) ohne Attribut:

> Sie hat das *aus Angst* getan.

So auch: aus Begeisterung, aus Berechnung, aus Dummheit, aus Erfahrung, aus Haß, aus Interesse, aus Liebe, aus Mitleid, aus Neugier, aus Pflichtgefühl, aus Rache, aus Scham, aus Stolz, aus Überzeugung, aus Unwissenheit, aus Versehen, aus Wut, aus Zorn u. a.

2) mit Attribut:

> Er hat das *aus Rücksicht auf seine Freundin* getan.

So auch: aus Anlaß, aus eigenem Antrieb, aus Mangel an etw. u. a.

bei

1) ohne Attribut:

> Das Betreten dieses Geländes ist *bei Strafe* verboten.

So auch: bei mehr Fleiß, bei Selbstverschulden, bei etwas Vorsicht u. a.

2) mit Attribut:

> *Bei Nichteinhaltung der Frist* wird eine Bearbeitungsgebühr erhoben.

So auch: bei Beachtung, bei Einhaltung, bei Nichtbeachtung u. a.

durch

1) ohne Attribut:

> *Durch Schaden* wird man klug.

So auch: durch Blitzschlag, durch Leichtsinn, durch Unachtsamkeit, durch Zufall u. a.

2) mit Attribut:

> Zu diesem Unfall kam es *durch überhöhte Geschwindigkeit*.

So auch: durch Vermittlung eines Freundes, durch

Verletzung der Vorfahrt, durch Versagen der Bremsen u. a.

gemäß
(nur bei Prästellung mit dem NA)

> Die Angelegenheit wurde *gemäß Verordnung* vom 1. 1. 1985 entschieden.

So auch: gemäß Gesetz, gemäß Paragraph u. a.

in
immer mit Attribut:

> Der Angeklagte wurde *in Anbetracht seines Alters* freigesprochen.

So auch: in Anerkennung, in Ansehung, in Abhängigkeit, in Ermangelung, in Übereinstimmung mit etw./ jem. u. a.

infolge
mit Genitiv oder ohne erkennbaren Kasus („Einheitskasus"):

> Das Flugzeug konnte *infolge Nebel(s)* nicht starten. – *Infolge starken Eisgangs* mußte der Schiffsverkehr auf der Elbe eingestellt werden.

So auch: infolge Krankheit, infolge Regen(s), infolge Unfall(s) u. a.

kraft

> Er handelte *kraft Gesetzes.*

So auch: kraft (seines) Amtes u. a.

laut

1) wie *gemäß*:

> Die Angelegenheit wurde *laut Arbeitsgesetzbuch* entschieden. – Der Kraftfahrer wurde *laut Paragraph 1 StVO* zur Verantwortung gezogen.

So auch: laut Befehl, laut Gesetz, laut Verordnung u. a.

2) Quelle einer Nachricht:

>*Laut ADN* hat sich in Italien ein Erdbeben ereignet.

So auch: laut Reuter, laut TASS, laut UPI u. a.

mangels

>Die Veranstaltung wurde *mangels Teilnahme* abgesagt.

So auch: mangels Beteiligung, mangels Interesse u. a.

mit
immer mit Attribut:

>Er hat *mit Rücksicht auf seine Gesundheit* nicht an der Konferenz teilgenommen.

So auch: mit Ausnahme von jem./etw., mit Berufung auf jem./etw., mit Bezug(nahme) auf jem./etw., mit Hilfe von jem./etw. u. a.

nach

1) ohne Attribut; Quelle einer Nachricht (= *laut* 2.):

>*Nach ADN* hat sich in Italien ein Erdbeben ereignet.

So auch: nach ČTK, nach Reuter, nach TASS, nach UPI u. a.

2) mit Attribut:

>Er ist *nach Ansicht des Gerichts* unschuldig.

So auch: nach eigenen Angaben, nach menschlichem Ermessen, nach Lage der Dinge, nach Maßgabe von jem./etw., nach Meinung von jem., nach geltendem Recht u. a.

ohne
mit oder ohne Attribut:

>Er hat uns *ohne (besonderen) Grund* beleidigt.

So auch: ohne Ansehen von, ohne Beachtung von, ohne (ausführliche) Begründung, ohne Berücksichtigung von, ohne Einbeziehung von, ohne Rücksicht(nahme) auf, ohne (eigenes) Verschulden u. a.

trotz
meist mit Attribut:

> Die Veranstaltung fand *trotz geringer Beteiligung* statt.

So auch: trotz größter Aufmerksamkeit, trotz redlichen Bemühens, trotz Schnee (und Kälte), trotz wachsender Teilnahme u. a.

vor
immer ohne Attribut:

1) psychische Ursachen; mit *vor* oder *aus*:

> Er hat es *vor/aus Angst* getan.

So auch: vor Begeisterung, vor Dummheit, vor Ekel, vor Haß, vor Liebe, vor Mitleid, vor Neugier, vor Rache, vor Scham, vor Stolz, vor Wut, vor Zorn u. a.

2) psychische Ursachen; nur mit *vor*:

> Er ließ *vor Schreck* das Werkzeug fallen.

So auch: vor Glück u. a.

3) physikalische Ursachen:

> Sie zitterte *vor Kälte*.

So auch: vor Anstrengung, vor Durst, vor Hitze, vor Hunger, vor Nässe, vor Qualm, vor Schmerz u. a.

wegen
meist ohne Attribut:

> Das Geschäft hat *wegen Inventur* geschlossen.

So auch: wegen Glatteis, wegen Krankheit, wegen Stromausfall, wegen Urlaub, wegen Warenannahme; wegen Mangel(s) an etw., wegen Mord(es), wegen Diebstahl(s) u. a.

mit oder ohne Attribut:

> Er ist *wider Erwarten* doch noch gekommen.

So auch: wider Willen, wider besseres Wissen, wider alle Vernunft u. a.

Beachte:

1) Manche Präpositionen haben in Verbindung mit bestimmten Substantiven den NA zur Folge, in Verbindung mit anderen Substantiven gelten aber andere Artikelfestlegungen:

> *in Übereinstimmung* mit jem. / etw., aber: *im* Widerspruch zu jem. / etw.; *in Anbetracht* von etw., aber: *im* Angesicht von etw. / *im* Zusammenhang mit etw.; *mit Bezugnahme* auf etw., aber: mit *dem* Ziel; *nach eigenen Angaben*, aber: *allem* Anschein nach u. a.

2) Zuweilen kann neben dem NA auch der bA oder der uA ohne wesentlichen Bedeutungsunterschied gebraucht werden:

> auf *(den)* Einspruch von jem., durch *(die)* Vermittlung von jem., durch *(einen)* Zufall, *wegen krankhaftem Ehrgeiz*, aber: wegen *des / seines* krankhaften Ehrgeizes u. a.

Der NA wird in einigen **Prädikativkonstruktionen** (vor allem mit dem Verb *sein*) verwendet.

N 20

> Diese Wörter sind *Substantive*. – Sie ist *Berlinerin*. – Jetzt ist es endlich *Sommer*. – Dieses Substantiv ist *weiblichen Geschlechts*. – Er gilt *als versierter Techniker*. – Wir sind hier *auf Besuch*. – Sie ist wieder *bei Kräften*. – Wir sind *in Eile*. – Sie war *von außergewöhnlicher Schönheit*.

Unter der Bedingung GRAM KONSTR PRÄDIKATIV SPEZIELL steht in einer Reihe von Fällen der NA.

Regel N 20 gilt insbesondere

1. bei Substantiven im **Nominativ Plural,** die eine Gesamtheit (Klasse) von Gegenständen bezeichnen, in die ein einzelner Gegenstand oder ein gesamter Typ von Gegenständen **(klassifizierend) eingeordnet** wird (vgl. ausführlich N 9):

> (Die) Tannen sind *Nadelbäume.* – Diese Wörter sind *Substantive.* – Ihr seid *Dummköpfe!*

2. bei Substantiven im **Nominativ Singular,** die die Zugehörigkeit eines Menschen zu einer bestimmten **Gruppierung** (Nationalität, Herkunft, Beruf, Funktion, Weltanschauung, Religion u. a.) bezeichnen. Als Prädikat fungieren in der Regel *sein, bleiben, werden* oder andere Verben mit *als* (vgl. ausführlich N 9):

> Er ist *Österreicher.* – Sie ist *Berlinerin.* – Sie wurde *als Kindergärtnerin* ausgebildet. – Er ist *Marxist.* – Er ist *Junggeselle.*

3. bei **Abstrakta im Nominativ Singular** mit allgemeiner Bedeutung, besonders nach den Verben *sein* oder *werden* (vgl. N 14.3.):

> Jetzt ist es endlich *Sommer.* – Heute ist *Tanz.*

4. bei Substantiven im **Genitiv Singular** mit einem Adjektivattribut (vgl. auch N 18.1.):

> Sie war *guter Laune.* – Sie sind *gleichen Alters.* – Dieses Substantiv ist *weiblichen Geschlechts.*

In bestimmten Wendungen kann das Substantiv auch ohne Attribut stehen:

> Dazu ist er nicht *Mannes* genug.

In anderen Wendungen wird der bA oder der uA bzw. das Numerale *ein* gebraucht:

> Wir sind *der* Meinung, daß … – Ich bin mit Ihnen *einer* Meinung. Aber: Hier bin ich allerdings *anderer Meinung.* – Bist du *des* Teufels?

5. bei einigen Prädikativkonstruktionen mit einer **Prä-position**. Hierher gehören vor allem Konstruktionen mit

auf

> Wir sind hier *auf Besuch*.

So auch: auf Erholung, auf Montage, auf Urlaub, auf Wanderschaft u. a.

außer

> Der Patient ist *außer Lebensgefahr*.

So auch: außer Atem, außer Fassung, außer Haus, außer Landes, außer Reichweite, außer Sichtweite u. a.

bei

meist mit Attribut:

> Er ist *bei guter Gesundheit*.

So auch: bei Kräften, bei (guter) Laune, bei (guter) Stimmung u. a.

in

> Sie war *in guter Stimmung*.

So auch: in (großer) Eile, in (großer) Gefahr u. a.

von

1) ohne Attribut:

> Er ist *von Beruf* Fleischer.

So auch: von Adel sein, von Geburt Ungar sein u. a.

2) meist mit Adjektivattribut:

> Sie war *von außergewöhnlicher Schönheit*.

So auch: von (großer) Bedeutung, von (besonderem) Interesse, von besonderem Reiz, von (größter) Wichtigkeit u. a.

Beachte:
Die Präposition *als* hat häufig in verschiedenen (einander ähnlichen) Satzgliedern den NA zur Folge, insbesondere

a) im Subjektsprädikativ:

Sie wurde *als Betreuerin* eingesetzt. – Er gilt *als versierter Techniker*.

So auch nach den Verben *sich erweisen als, sich fühlen als, geschätzt werden als, arbeiten als, fungieren als, dienen als* u. a.

b) im Objektsprädikativ:

Man verwendet Glas auch *als Baustoff*. – Die Kollegen haben ihn einstimmig *als Vorsitzenden* gewählt.

So auch nach den Verben jem. *aufstellen als*, etw. *benutzen als*, jem./etw. *betrachten als*, jem./etw. *bezeichnen als*, jem. *einsetzen als*, jem. *nominieren als*, jem. *vereidigen als*, etw. *verwenden als* u. a.

c) im prädikativen Attribut zum Subjekt:

Er kam schon *als junger Mann* nach Berlin.

d) im prädikativen Attribut zum Objekt:

Seine Fans trugen ihn *als Sieger* durch das Stadion.

(Vgl. auch Regel N 14.9.)

N 21   Der NA wird in einigen **Attributen** verwendet.

Er sucht eine Partnerin *gleichen Alters*. – Monika hat sich einen Pullover *mit Rollkragen* gekauft. – Das ist ein Problem *von großer Bedeutung*.

Unter der Bedingung GRAM KONSTR ATTRIB SPEZIELL wird in einer Reihe von Fällen der NA gebraucht.

Regel N 21 gilt insbesondere

N 21.1.   1. bei Attributen aus einem Adjektiv/Partizip und einem **Substantiv im Genitiv** (vgl. auch N 18.1. und N 20.4.):

Er sucht eine Partnerin *gleichen Alters*. – Der Appell richtet sich an alle Menschen *guten Willens*. – Das sind Geräte *gleicher Art/Be-*

schaffenheit/Größe/Leistungsfähigkeit/gleichen Typs. – Er sieht darin ein Problem *ersten Ranges*. – Der Kurs begann im Mai *vorigen Jahres*.

2. bei substantivischen Attributen ohne Adjektiv/Partizip nach der **Präposition** *mit*. Attribut und Bezugswort stehen in der Regel in einer Teil-Ganzes-Beziehung (vgl. aber D 2):

N 21.2.

> Peter bewohnt ein Zimmer *mit Bad*. – Monika hat sich einen Pullover *mit Rollkragen* gekauft. – Sie haben ein Radio *mit Kassettenrecorder*. – Dieses Boot ist ein Vierer *mit Steuermann*. – Herr Lehmann ist ein älterer Herr *mit Glatze*. – Peter kauft sich ein Auto *mit Schiebedach*.

3. bei einigen attributiv gebrauchten Abstrakta nach der **Präposition** *von*:

N 21.3.

> Das ist ein Problem *von großer Bedeutung*. – Er spricht über ein Thema *von allgemeinem Interesse*. – Er war ein Mann *von ungewöhnlicher Begabung*. – Es wurde keine Frage *von (größerer) Wichtigkeit* gestellt.

Beachte:
1) Neben den in 21.1. beschriebenen Genitivkonstruktionen können oft auch Konstruktionen mit einer Präposition ohne wesentlichen Bedeutungsunterschied gebraucht werden. Dabei bleibt der NA häufig erhalten:

> Das sind Geräte *(von) gleicher Art*.

Manchmal hat die Präpositionalkonstruktion auch andere Artikelfestlegungen zur Folge:

> Das sind Geräte *gleichen Typs*. Aber: Das sind Geräte *vom* gleichen Typ / *des* gleichen Typs.

Vor allem in Attributen mit temporaler Bedeutung ist neben dem NA oft auch der bA möglich (vgl. auch D 15 und N 17):

Der Kurs begann im Mai *(des)* vorigen Jahres.

2) Bei den in N 21.2. beschriebenen Konstruktionen mit der Präposition *mit* kann häufig neben dem NA auch der uA ohne wesentlichen Bedeutungsunterschied gebraucht werden:

Monika hat sich einen Pullover mit *(einem)* Rollkragen gekauft. – Herr Lehmann ist ein älterer Herr mit *(einer)* Glatze.

3) Steht bei den in N 21.3. beschriebenen Abstrakta ein Graduierungsadjektiv, dann ist neben dem NA auch der uA ohne wesentlichen Bedeutungsunterschied möglich:

Er war ein Mann *von ungewöhnlicher* / von *einer* ungewöhnlichen *Begabung*. – Das ist ein Problem *von weitreichender* / von *einer* weitreichenden *Bedeutung*. – Aber nur: Das sind Geräte *(von) gleicher Art.*

4) Der in N 21.3. formulierten Regel folgen auch bestimmte Wendungen, zum Beispiel:

Er war ein Hüne *von Gestalt*.

(Zum Gebrauch des uA in ähnlichen Wendungen vgl. E 8.2. ♦ 2.b.)

N 22 | Der NA wird in einigen **Konstruktionen mit Maß- bzw. Mengenbezeichnungen** verwendet.

Monika kauft ein Kilo *Zucker*. – Auf dem Hof lag ein Stapel *Bretter*. – Diese Figuren kosten 10 Mark *je/pro Stück*.

Unter der Bedingung GRAM KONSTR MASS wird in einigen Fällen der NA verwendet.
Regel N 22 gilt insbesondere

N 22.1.   1. bei (genau) bemessenen **Stoffbezeichnungen** im Singular:

Monika kauft ein Kilo *Zucker*.

So auch: eine Flasche Milch, eine Fuhre Heu, drei Glas Bier, 300 Gramm Wurst, ein Haufen Abfall, 10 Hektar Weizen, eine Ladung Zement, ein Pfund Salz, eine Rolle Tapete, ein Sack Mehl, ein Stück Zucker, ein Stapel Papier, eine Tafel Schokolade, zwei Tassen Kaffee, ein Teller Suppe u. a.

2. bei (genau) begrenzten **Mengen zählbarer Gegenstände** mit dem Substantiv im Plural:

N 22.2.

> Aus dem Wald kam ein Rudel *Wölfe*.

So auch: ein Haufen Briketts, eine Herde Rinder, eine Horde Affen, ein Kilo Bananen, eine Kiste Äpfel, ein Pfund Tomaten, ein Sack Kartoffeln, eine Schachtel Reißzwecken, ein Schwarm Bienen, eine Stange Zigaretten, ein Stapel Bretter u. a.

3. nach den distributiven **Präpositionen** *je* und *pro* (vgl. ausführlich N 16):

N 22.3.

> Diese Figuren kosten 10 Mark *je Stück*. – Wir sind 100 Kilometer *pro Stunde* gefahren.

Beachte:

1) Zum Gebrauch des bA in Konstruktionen mit Maß-/Mengenbezeichnungen vergleiche ausführlich D 16:

> Wir sind 100 Kilometer *die* Stunde gefahren.

Zum Gebrauch des uA in Konstruktionen mit Maßbezeichnungen und *haben* vergleiche ausführlich E 10:

> Der Kirchturm hat *eine* Höhe von 60 Metern.

2) Zum Gebrauch des NA bei unbestimmten Teilmengen vergleiche N 3 und dort besonders ◆3.

N 23

> Der NA ist bei einer Reihe von **Eigennamen** trotz ihrer Unikalität lexikalisiert.

(Zum Gebrauch des bA bei anderen Eigennamen vergleiche D 1, D 4 und insbesondere D 17.)

> Das Flugzeug fliegt *nach Afrika / nach Ägypten / nach Kairo.* – Monika fährt im Urlaub *nach Thüringen*, Peter will sich *auf Rügen* erholen. – Monika arbeitet im Ministerium *für Bauwesen* / im VEB *Sachsenring* Zwickau / in der Abteilung *Forschung.* – *Dynamo Dresden* und *Lok Leipzig* trennten sich unentschieden. – Dort kommt *Peter/Peter Müller/ Herr Müller/Onkel Peter/Kollege Müller/Dr. Müller/ Studienrat Müller/Oberst Müller.* – Was wünschst du dir *zu Weihnachten?* – *In Deutsch* hat Monika eine Eins. – Peter studiert *Physik.*

Unter der Bedingung LEXIKAL EN wird in vielen Fällen der NA gebraucht.

Regel N 23 gilt insbesondere für

N 23.1.   1. viele **geographische Begriffe,** und zwar besonders für

N 23.1.a.   a) die Namen der fünf **Kontinente** *Afrika, Amerika, Asien, Australien* und *Europa* und die entsprechenden Komposita:

> Der Ural trennt *Europa* von *Asien.*

Beachte:
Arktis und *Antarktis* stehen mit dem bA (vgl. D 1.1. und D 17.1.a.).

N 23.1.b.   b) die **Staatsnamen** als Neutra:

> Ägypten, Brasilien, China, England, Finnland, Griechenland, Holland, Israel, Kuba, Norwegen, Österreich, Polen, Rumänien, Schweden, Ungarn, Vietnam, Zypern u. v. a.

Hierher gehören auch einige innerstaatliche (historische oder gegenwärtige) **Verwaltungseinheiten** als Neutra:

Bayern, Mecklenburg, Niedersachsen, Preußen, Rheinland-Pfalz, Sachsen, Thüringen u. a.

Beachte:

1) Staatsnamen als Feminina, im Plural, als Wortgruppe bzw. Abkürzung und als Komposita mit *-staat* bzw. *-union* haben den bA (vgl. D 1.1.b.):
die Schweiz, *die* Niederlande, *das* Königreich Schweden, *die* UdSSR, *die* Sowjetunion, *der* Vatikanstaat u. a.
2) Bei den maskulinen Staatsnamen *Irak, Iran, Jemen, Kongo, Libanon, Sudan, Tschad* u. a. sind sowohl der NA als auch der bA möglich:
Die Expeditionsteilnehmer sind aus *(dem)* Tschad zurückgekehrt.
3) Im Unterschied zu den Staatsnamen auf *-land* (siehe oben) haben einige innerstaatliche Verwaltungseinheiten und inoffizielle Bildungen auf *-land* den bA (vgl. D 1.1.b.):
das Saarland, *das* Schwabenland u. a.

c) die Namen zahlreicher **Landschaften** und **Inseln:**

N 23.1.c.

Alaska, Borneo, Kamtschatka, Korsika, Kreta, Mesopotamien, Rügen, Sachalin, Sibirien, Transbaikalien u. v. a.

Beachte:

1) Die entsprechenden Maskulina und Feminina haben immer den bA (vgl. D 1.1.c.):
der Balkan, *der* Darß, *die* Krim, *die* Lausitz u. a.
2) Einige Neutra haben ebenfalls den bA:
das Elsaß, *das* Ries, *das* Wallis; *das* Havelland, *das* Vogtland u. a.

d) die Namen der **Städte, Dörfer** und **Siedlungen** usw.:

> Berlin, Dresden, Genf, Köln, Moskau, Prag, Wien; Bad Doberan, St. Gallen, Panama City

Aber: *die* Vatikanstadt

Beachte:

1) Bei geographischen Eigennamen mit dem NA steht die Präposition *nach*, beim bA steht in der Regel *in*:

> Die Forscher unternehmen eine Reise *nach Afrika*, anschließend fliegen sie *in die Antarktis*. – Dieser Zug fährt *nach Leipzig/in die Messestadt Leipzig*. – Wir haben einen Ausflug *nach Quedlinburg/in das mittelalterliche Quedlinburg* gemacht.

Bei Feminina und Namen im Plural schwankt der Gebrauch zuweilen:

> Dieser Betrieb exportiert auch *in die Sowjetunion/nach der Sowjetunion/in die USA/nach den USA.*

2) Geographische Eigennamen, die ohne Attribut den NA haben, stehen mit Attributen entsprechend den Regeln mit dem bA (vgl. D 13.3. ◆ 3) oder dem uA (vgl. E 8):

> Peter interessiert sich für *das* Prag Karls IV. – Der Schriftsteller zeigt uns *ein* ganz anderes Prag. – Viele Touristen besuchen *die* Messestadt Leipzig. – Es werden auch Teilnehmer aus *der* Republik Österreich erwartet. – Altenburg ist *das/ein* Mekka der Skatfreunde.

3) Unter den entsprechenden Bedingungen (vgl. E 1 und E 3) kann auch ohne Attribut der uA stehen:

> In Thüringen gibt es auch *ein* Neuhaus.

4) Regel N 23.1. berührt nicht geographische Namen mit lexikalisiertem fremdsprachigem Artikel:

> Peter war *in Den Haag* und *in Le Havre*. – Mo-

nika fliegt *nach La Paz* und anschließend *nach El Paso*.

2. die Namen einiger **Institutionen, Einrichtungen** oder **Kollektive,** besonders

   a) die Namen von **Institutionen/Einrichtungen,** die mit **Präpositionen** gebildet werden:

      die Deutsche Hochschule *für Körperkultur*, das Ministerium *für Bauwesen*, der Rat *für gegenseitige Wirtschaftshilfe*

   b) die Namen von **Wirtschaftsunternehmen, Institutionen** und **Kollektiven** mit **vorangestellten Oberbegriffen** (Hyperonymen) wie *AG, LPG, PGH, VEB; Abteilung, Bereich, Direktorat* usw.:

      die AG *Junge Philatelisten*, die LPG *„Weiße Taube"* Neudorf, der VEB *Maxhütte* Unterwellenborn, die Abteilung *Absatz*, das Direktorat *Forschung*

   (Vgl. dazu auch N 11.2. und D 1.3. ◆ 1.)

   c) die Namen zahlreicher **Sportklubs** bzw. **Sportmannschaften:**

      Chemie Leipzig, Dynamo Dresden, Eintracht Frankfurt, Fortschritt Falkenstein, Motor Werdau, Stahl Riesa, Waldhof Mannheim

B e a c h t e :

1) Namen von Institutionen usw. mit einem Genitiv haben den bA:

   der Rat *des* Bezirkes Dresden, das Ministerium *des* Innern

2) Vor den Oberbegriffen *AG, LPG, VEB, Abteilung* usw. steht entsprechend D 1.3. der bA:

   Peter arbeitet in *der* PGH Fahrzeugbau in Neudorf.

3. die **Personennamen,** und zwar besonders

   a) **Vor- und Familiennamen** ohne Attribut:

      Peter wohnt in Dresden. – Darüber hat sich

schon *Goethe* geäußert. – Dort drüben kommt *Monika Müller.*

Hierher gehören auch die Namen für **Tiere** (besonders Haustiere und Rennpferde):

Hasso hat gebellt. – *Bubi* sagt am liebsten „Keine Lust!" – Das Reitturnier hat *Fliederzweig* vor *Wiener Mode* gewonnen.

N 23.3.b.
b) Konstruktionen aus **Verwandtschaftsbezeichnungen und Vornamen,** vor allem in der familiären Umgangssprache:

Mutter Johanna, Onkel Hans, Schwester Monika, Tante Lotte

N 23.3.c.
c) Konstruktionen aus den Wörtern *Familie, Frau, Fräulein, Herr, Genosse, Kollege* usw., **Verwandtschaftsbezeichnungen, akademischen Graden, Titeln** oder militärischen **Rangbezeichnungen und einem Familiennamen:**

Das ist *Frau Müller / Kollegin Müller / Tante Müller.* – Den Vortrag hält *Herr Meier / Kollege Meier / Dr. Meier / Oberstudienrat Meier / Oberst Meier.*

N 23.3.d.
d) einige **Verwandtschaftsbezeichnungen** in der familiären Umgangssprache, vor allem *Mutter, Vater, Großmutter, Großvater* und die entsprechenden Koseformen:

Zeig mal *Mutti* deine Hausaufgaben! – Ruf doch mal *Vater* an! – Hast du dich schon von *Opa* verabschiedet?

(Zum Gebrauch des bA unter sehr ähnlichen Bedingungen vergleiche D 6.1. ♦ 3.)

N 23.3.e.
e) Personennamen, die als **Titel von Bühnenstücken** u. ä. stehen:

Heute wird *„Egmont"* gespielt. – Haben Sie schon die Neuinszenierung von *„Romeo und Julia"* gesehen? – Monika gefällt die erste Szene aus *„Don Carlos"* besonders gut.

(Zum Gebrauch des bA unter sehr ähnlichen Be- 185
dingungen vergleiche D 1.5.a.)

N 23

Beachte:

1) Personennamen mit Attribut stehen entsprechend den Regeln mit dem bA (vgl. D 13), dem
uA (vgl. E 7.3. und E 8) oder mit artikelähnlichen Wörtern:

>*Der* berühmte Peter Müller wohnt in Dres-
>den. – Er ist *ein* richtiger Goethe.

2) Zum Gebrauch des bA bei (nichtattribuierten)
Personennamen vergleiche besonders D 6. Zum
Gebrauch des uA bei (nichtattribuierten) Perso-
nennamen vergleiche besonders E 11.

3) Zum Gebrauch des NA in der Anrede vergleiche
N 2.1.

4. einige **Abstrakta,** und zwar besonders N 23.4.

a) die Namen der **Feste** bzw. **Feiertage** *Neujahr,* N 23.4.a.
Ostern, Pfingsten, Weihnachten, Silvester:

>*Ostern* verbringen wir im Harz. – Was
>wünschst du dir *zu Weihnachten*? – Wenige
>Stunden *vor Neujahr* hat es doch noch ge-
>schneit.

Beachte:
Die Namen der anderen Feiertage sowie die
Komposita mit *-feiertag(e)* und *-fest* haben den
bA (vgl. D 1.6.g.):

>*der* Geburtstag, *der* Tag des Lehrers, *die* Oster-
>feiertage, *das* Weihnachtsfest

b) die Namen der **Sprachen** als Lehr- und Lernge- N 23.4.b.
genstand:

>*In Deutsch* hat Monika eine Eins. – Hier
>spricht / kann / versteht fast jeder *Deutsch*. – Er
>spricht *Prager Deutsch*.

Beachte:
Werden die Sprachen ganz allgemein, nicht aber
als Lehr- und Lerngegenstand benannt, stehen
sie entsprechend D 1.6.f. mit dem bA:

Er übersetzt aus *dem* Russischen *ins* Deutsche.

c) die Namen der **Unterrichts- bzw. Studienfächer:**

N 23.4.c.

Monika hat eine Eins *in Mathematik* bekommen. – Peter hat morgen Prüfung *in Chemie*. – Sie studieren *Medizin*.

Beachte:
Ist die Wissenschaft als Sachgebiet gemeint, steht entsprechend D 1.6.e. der bA:

Er hat neue Untersuchungsmethoden in *die* Physik eingeführt.

N 24

Einige Substantive werden in **Verbindung mit bestimmten Präpositionen** mit dem NA gebraucht.

Im Unterschied zu N 17 bis N 21 sind hier aber keine deutlichen syntaktischen Gruppen erkennbar. Der Unterschied zu N 16 besteht darin, daß die folgenden Präpositionen den NA nicht generell, sondern nur in Verbindung mit einigen Substantiven zur Folge haben. Die Grenze zu N 25 schließlich ist am schwierigsten zu ziehen: Die Substantive in N 24 behalten auch in der Kombination mit den Präpositionen zumindest einen (wesentlichen) Teil ihrer lexikalischen Bedeutung, so daß wir nicht von phraseologischen Wendungen im eigentlichen Sinn sprechen können. Der Gebrauch des NA in N 24 ist allerdings wie in N 23 und in N 25 **fest lexikalisiert.**

Die Matrosen gehen morgen früh *an Bord*. – Wir essen heute *außer Haus*. – Die Berechnungen wurden *mit Hilfe* eines Computers vorgenommen. – Das Wetter hat sich *über Nacht* geändert. – Der Taucher war zwei Stunden *unter Wasser*. – Das Schiff liegt in Rostock *vor Anker*. – Monika geht heute zeitig *zu Bett*.

Regel N 24 gilt insbesondere für einige Substantive in
Verbindung mit folgenden Präpositionen:

an

Die Matrosen gehen morgen früh *an Bord.*

So auch: an Deck, an Land; an Hand von etw., an
Stelle von jem./etw. (auch: anstelle) u. a.

auf

Das Schiff war drei Monate *auf (hoher) See.*

So auch: auf Deck sein, etw. auf Band sprechen, auf
großer Fahrt sein, auf halbem Wege umkehren; auf
Ehre (und Gewissen), auf Erden, auf Kosten von jem.
u. a.

außer

Der Sportler startete *außer Konkurrenz.*

So auch: außer Atem sein, außer Haus essen, außer
Landes gehen u. a.

bei

Die Kollegen sind gerade *bei Tisch.*

So auch: bei Hof(e), (nicht ganz) bei Trost(e) sein
u. a.

in

Das Schiff sticht morgen früh *in See.*

So auch: etw. in Arbeit haben, in Mode sein, in Sicht/
Sichtweite/Reichweite sein, in Linie antreten; in
Wahrheit, in Wirklichkeit u. a.

mit

Die Berechnungen wurden *mit Hilfe* eines
Computers vorgenommen.

So auch: mit Verlaub (gesagt) u. a.

Peter kommt heute eine Stunde früher *nach Hause*.

So auch: (ganz) nach Belieben, nach Möglichkeit, (ganz) nach Wunsch; nach Tisch u. a.

ohne

Die Zahlenangaben sind *ohne Gewähr*.

So auch: ohne Garantie, ohne Zweifel u. a.

über

Das Wetter hat sich *über Nacht* geändert.

So auch: über Bord springen, etw. über Gebühr loben, über Land gehen, über Tage arbeiten, sich über Wasser halten; drei Grad über Null u. a.

um

Peter hat seinen Freund *um Haaresbreite* übertroffen.

unter

Der Taucher war zwei Stunden *unter Wasser*.

So auch: unter Deck bleiben, eine Leitung unter Putz legen, unter Tage arbeiten; unter fremder/polnischer Flagge fahren; drei Grad unter Null; unter Umständen, unter Vorbehalt u. a.

von

Wir wünschen Ihnen *von Herzen* gute Besserung.

So auch: von Bord gehen, von Deck gehen; von Hause aus; von seiten, von weitem, von ferne u. a.

vor

Das Schiff liegt in Rostock *vor Anker*.

So auch: etw. vor Augen haben, vor Gericht stehen,

etw. vor Ort überprüfen, (kurz) vor Toresschluß; vor allem, vor kurzem u. a.

zu

Monika geht heute zeitig *zu Bett.*

So auch: zu Hause sein, zu Tisch gehen; zu Ehren von jem., jem. etw. zu Gefallen tun, etw. zu Gunsten (meist: zugunsten) von jem. tun, zu Händen von jem. u. a.

Beachte:

1) Zu weiteren Verwendungsweisen des NA nach Präpositionen vergleiche besonders N 16 bis N 21 und N 25.

2) Zum Gebrauch des bA nach Präpositionen vergleiche besonders D 14.2., D 15 und D 18.

3) Ähnlich wie die in N 24 dargestellten Präpositionen verhält sich auch das undeklinierte Adjektiv *frei* (besonders in der Geschäftssprache):

etw. frei Grenze / frei Hafen / frei Haus liefern

Der NA ist in zahlreichen **Phraseologismen** fest lexikalisiert. Da Phraseologismen sozusagen unveränderliche sprachliche Fertigteile sind, dürfen sie in der Regel auch nur mit dem fest lexikalisierten Artikel verwendet werden, auch wenn in vergleichbaren nichtphraseologischen Konstruktionen ein anderer Artikel denkbar oder gar notwendig wäre.

jem. *goldene Berge* versprechen, wie *Espenlaub* zittern, *auf großem Fuß* leben; *Feuer und Flamme* sein, etw. *auf Herz und Nieren* prüfen, etw. *Punkt für Punkt* durchgehen, sich *von Tag zu Tag* bessern – *Schwamm* drüber! – *Vorschrift* ist *Vorschrift.* – *Mit Speck* fängt man *Mäuse.* – *Nach getaner Arbeit* ist gut ruhn.

Unter der Bedingung LEXIKAL PHRASEOLOG wird in zahlreichen Fällen der NA gebraucht. Regel N 25 gilt insbesondere für

N 25.1.

1. **phraseologische Wortgruppen** in unterschiedlichen syntaktischen Konstruktionen. Das betrifft besonders

N 25.1.a.

a) phraseologische Wortgruppen, in denen der NA **in Übereinstimmung** mit den auch für nichtphraseologische Konstruktionen geltenden Regeln fest lexikalisiert ist:

> etw. *mit anderen Augen* sehen, *mit Kanonen auf Spatzen* schießen, *Öl* ins Feuer gießen, *auf Sand* gebaut sein, etw. *aus freien Stücken* tun u. a.

Das gilt auch für viele phraseologische Wortgruppen, die einen Vergleich mit *wie* und eine Stoffbezeichnung enthalten (vgl. aber D 18 und E 12.1.):

> dumm wie *Bohnenstroh* sein, wie *Espenlaub* zittern, wie *auf (glühenden) Kohlen* sitzen, wie *Milch* und *Blut* aussehen, etw. wie *Sand* am Meer haben u. a.

N 25.1.b.

b) phraseologische Wortgruppen (meist mit einer Präposition), in denen der NA **im Widerspruch** zu den für nichtphraseologische Konstruktionen geltenden Regeln fest lexikalisiert ist:

> mit jem. *auf freundschaftlichem Fuße* stehen, *auf großem Fuß* leben, etw. *aus erster Hand* wissen, *aus gutem Hause* kommen, (gut) *bei Kasse* sein, etw. *für bare Münze* nehmen, (nicht ganz) *bei Trost(e)* sein, sich *über Wasser* halten, gegen jem. *zu Felde* ziehen, sich etw. *zu Gemüte* führen, jem./etw. *zu Gesicht* bekommen, *letzte Hand* anlegen an etw., jem. *zu Herzen* gehen, sich etw. *zu Herzen* nehmen, etw. *zu Klump* fahren, jem. *zu Kopfe* steigen, vor jem. *zu Kreuze* kriechen, jem. *zu Leibe* rücken, etw.

zu Markte tragen, jem. *zu Ohren* kommen, ganz *Ohr* sein, mit etw./jem. *zu Rande* kommen, etw. *zu Rate* ziehen, *zu Werke* gehen u. a.

Hierher gehören auch einige satzartig gebrauchte kommunikative Formeln wie

Hand aufs Herz! – *Schwamm* drüber! u. a.

2. **phraseologische Wortpaare** oder **Zwillingsformeln,** und zwar

a) ohne fest lexikalisierte Präposition:

Feuer und Flamme, Freud und Leid, Freund und Feind, Haus und Hof, Land und Leute, Leib und Leben, Lug und Trug, Tisch und Bett, Wald und Flur u. a.

b) mit fest lexikalisierter Präposition vor dem ersten Substantiv:

an Leib und Seele, an Ort und Stelle; auf Gedeih und Verderb, auf Herz und Nieren, auf Schritt und Tritt, auf Treu und Glauben; außer Rand und Band; bei Brot und Wasser, bei Nacht und Nebel, bei Wind und Wetter; durch Mark und Bein; in Freud und Leid, in Reih und Glied; hinter Schloß und Riegel; mit Ach und Krach, mit Fug und Recht, mit Haut und Haar(en), mit Kind und Kegel, mit Mann und Maus, mit Müh und Not, mit Sack und Pack, mit Schimpf und Schande, mit Stumpf und Stiel, mit Zittern und Zagen; nach Lust und Laune, nach Strich und Faden; ohne Rast und Ruh; über Berg und Tal, über Stock und Stein; unter Dach und Fach; von echtem Schrot und Korn; vor Jahr und Tag; zwischen Baum und Borke, zwischen Tür und Angel u. a.

c) mit fest lexikalisierter Präposition vor dem zweiten Substantiv:

Haus an Haus, Tür an Tür, Kopf an Kopf;

Jahr für Jahr, Punkt für Punkt, Satz für Satz, Schritt für Schritt, Seite für Seite, Wort für Wort, Zeile für Zeile; Hand in Hand; Fehler über Fehler, Fragen über Fragen, Schulden über Schulden; Jahr um Jahr, Runde um Runde, Seite um Seite, Stufe um Stufe u. a.

N 25.2.d.   d) mit gleichen oder verschiedenen fest lexikalisierten Präpositionen vor beiden Substantiven:

von A bis Z, von Fall zu Fall, von Haus zu Haus, von Kopf bis Fuß, von Mal zu Mal, von Stunde zu Stunde, von Tag zu Tag, von Jahr zu Jahr, von Zeit zu Zeit; weder Baum noch Strauch, weder Fisch noch Fleisch, weder Hand noch Fuß; zu Wasser und zu Lande u. a.

In der Nähe der Zwillingsformeln stehen auch (sprichwortartige) Formeln wie

Dienst ist Dienst und Schnaps ist Schnaps (oder: Bier ist Bier). – Geschäft ist Geschäft. – Vorschrift ist Vorschrift. – Zeit ist Geld. u. a.

N 25.3.   3. **Sprichwörter,** und zwar solche,

N 25.3.a.   a) in denen der NA **in Übereinstimmung** mit den auch für nichtphraseologische Sätze geltenden Regeln fest lexikalisiert ist:

Armut schändet nicht. – *Freunde* erkennt man in der Not. – *Müßiggang* ist aller Laster Anfang. – *Not* macht erfinderisch. – *Reden* ist *Silber, Schweigen* ist *Gold*. – *Durch Schaden* wird man klug. – *Mit Speck* fängt man *Mäuse*. – *Übung* macht den Meister. – *Alte Weiden* haben *dicke Köpfe*. u. a.

N 25.3.b.   b) in denen der NA **im Widerspruch** zu den für nichtphraseologische Sätze geltenden Regeln fest lexikalisiert ist:

Nach getaner Arbeit ist gut ruhn. – *Aus frem-
dem Beutel* ist gut zechen. – *Gut Ding* will
Weile haben. – *Ende* gut, alles gut. – *Leeres
Faß* macht nicht naß. – *Junge Frau* und *alter
Mann* sind ein trauriges Gespann. – *Eigner
Herd* ist Goldes wert. – *Bekümmert Herz* treibt
selten Scherz. – *Morgenstunde* hat Gold im
Munde. – *Steter Tropfen* höhlt den Stein.
u. a.

Beachte:

1) Zu den generellen Schwierigkeiten, die sich insbesondere für Fremdsprachler aus der Lexikalisierung
des Artikels in Phraseologismen ergeben, vergleiche
D 18 ♦ 1.

2) Die in N 25.2. dargestellten Zwillingsformeln leh-
nen sich beim Gebrauch des NA deutlich an N 12
an, vergleiche:

Wir haben den neuen Wagen *auf Herz und
Nieren* geprüft. (= N 25) Ähnlich: Der Patient
kann schon wieder *Arme und Beine* bewegen.
(= N 12) – Sie sind *mit Kind und Kegel* abge-
reist. (= N 25) Ähnlich: Er verbringt den Urlaub *mit Frau und Kindern* an der See.
(= N 12)

3) Zum lexikalisierten Gebrauch des bA in Phraseologismen vergleiche D 18, zum lexikalisierten Gebrauch des uA in Phraseologismen vergleiche
E 12.

Regeln zur Flexion

1. Die Flexion von bA, uA und artikelähnlichen Wörtern

Die Artikelwörter werden nach vier verschiedenen Mustern dekliniert. Wir stellen diese Deklinationsmuster in den Tabellen Art 1 bis Art 4 dar. In Tabelle Art 5 werden die undeklinierbaren artikelähnlichen Wörter aufgeführt.

Art 1 **Tabelle Art 1**

	Maskulinum	Neutrum	Femininum	Plural
N.	d-er	d-as	d-ie	d-ie
G.	d-es	d-es	d-er	d-er
D.	d-em	d-em	d-er	d-en
A.	d-en	d-as	d-ie	d-ie

Nach Tabelle Art 1 werden dekliniert: der, *der*jenige, *der*selbe, dieser, irgendwelcher, jeder, jener, welcher.

Beachte:
1) Folgende Formen sind für die Deklination nach Tabelle Art 1 charakteristisch: Genitiv Singular bei Maskulina und Neutra auf *-es* (im Unterschied zu Tabelle Art 3 und Art 4).
2) Die Wörter *dieser, (irgend-)welcher, jeder, jener* haben im Nominativ und Akkusativ Singular des Neutrums die Endung *-es* und im Nominativ und Akkusativ Singular des Femininums sowie im Nominativ und Akkusativ Plural die Endung *-e*: dieses Buch, jede Kollegin, welche Bücher.

3) *derjenige*: Die Komponente *der-* usw. wird nach Tabelle Art 1 dekliniert, die Komponente *-jenige* lautet ab Genitiv Singular (außer im Akkusativ Singular des Femininums und des Neutrums) immer *-jenigen*: desjenigen Mannes, mit derjenigen Frau, mit denjenigen Frauen; aber: dasjenige Buch, diejenige Frau.

4) *derselbe*: Die Deklination gleicht der von *derjenige*: desselben Mannes, mit derselben Frau, mit denselben Frauen. Die Varianten *dieser/jener selbe* werden analog dekliniert: dieses selben Mannes, mit dieser selben Frau, mit diesen selben Frauen.

5) *dieser*: In der Kombination mit einem Possessivum werden beide jeweils nach dem eigenen Muster dekliniert: dieser unser Freund, dieses unseres Freundes, von diesem unserem Freund, dieses unser Land.

6) *(irgend-)welcher*: Im Genitiv Singular des Maskulinums und des Neutrums ist auch die Endung *-en* möglich: trotz irgendwelches oder irgendwelchen Unsinns.

7) *jeder*: Das Wort *jeder* kann nur im Singular verwendet werden. Im Genitiv Singular des Maskulinums und des Neutrums ist auch die Endung *-en* möglich, wenn beim folgenden Substantiv kein Adjektivattribut steht: wegen jedes oder jeden Mitarbeiters. Vor einem Attribut ist nur *-es* möglich: wegen jedes neuen Mitarbeiters.

Tabelle Art 2   Art 2

	Maskulinum	Neutrum	Femininum	Plural
N.	ein-	ein-	ein-e	Siehe
G.	ein-es	ein-es	ein-er	Tabelle
D.	ein-em	ein-em	ein-er	Art 3
A.	ein-en	ein-	ein-e	

Nach Tabelle Art 2 werden dekliniert: ein, *ein* bißchen, *ein* derartiger, irgendein, kein, manch *ein*, mein usw., so *ein,* solch *ein, ein* solcher, was für *ein*, welch *ein*.

Beachte:

1) Folgende Formen sind für die Deklination nach Tabelle Art 2 charakteristisch: Nominativ Singular des Maskulinums und des Neutrums sowie Akkusativ Singular des Neutrums sind ohne Endung (im Unterschied zu den Tabellen Art 1, Art 3 und Art 4). Genitiv Singular bei Maskulina und Neutra endet auf *-es* (im Unterschied zu den Tabellen Art 3 und Art 4).

2) Außer *mein* (und den anderen Possessiva) und *kein* sind alle oben angeführten artikelähnlichen Wörter mit der Komponente *(-)ein* nur im Singular möglich. *Mein* (usw.) und *kein* werden im Plural nach Tabelle Art 3 dekliniert.

3) Bei den kombinierten artikelähnlichen Wörtern *manch ein, so ein, solch ein, was für ein, welch ein* wird nur *ein* dekliniert, die Komponenten *manch* usw. bleiben unverändert (vgl. Tabelle Art 5): trotz solch eines Wetters, mit so einem Mitarbeiter, manch einen Tag. Bei *ein bißchen* schwankt der Gebrauch: mit ein oder einem bißchen Geduld.

4) Die Komponenten *derartiger* und *solcher* nach *ein* werden nach Tabelle Art 4 dekliniert: mit einem derartigen Erfolg.

Art 3   **Tabelle Art 3**

	Maskulinum	Neutrum	Femininum	Plural
N.	all-er	all-es	all-e	all-e
G.	all-en	all-en	all-er	all-er
D.	all-em	all-em	all-er	all-en
A.	all-en	all-es	all-e	all-e

Nach Tabelle Art 3 werden dekliniert: alle(r), beide, einige(r), etliche(r), jedweder, jeglicher, keine (Plural), manche(r), mehrere, meine usw. (Plural), sämtliche(r), solche(r), (so) viele(r), wenige(r).

Beachte:

1) Folgende Formen sind für die Deklination nach Tabelle Art 3 charakteristisch: Genitiv Singular bei Maskulina und Neutra auf *-en* (im Unterschied zu den Tabellen Art 1 und Art 2).

2) *alle(r)*: Besonders im Plural ist eine Kombination mit *die, diese, jene, meine* usw. möglich. Beide Komponenten werden nach den entsprechenden Tabellen dekliniert: mit allem diesem Ärger, trotz aller seiner Fehler. Unflektiertes *all* beeinflußt ebenfalls die Deklination der zweiten Komponente nicht: mit all diesem Ärger, trotz all seiner Fehler.

3) *beide*: Das Wort *beide* kann nur im Plural gebraucht werden. In Verbindung mit *die, diese, jene, meine* usw. steht in allen Kasus *beiden*: trotz dieser beiden Fehler, mit ihren beiden Töchtern.

4) *jedweder/jeglicher*: Beide Wörter sind relativ selten gebrauchte und veraltende Varianten zu *jeder*.

5) *mehrere*: Das Wort *mehrere* kann nur im Plural gebraucht werden.

6) *mein/kein*: Die Possessiva und *kein* werden im Singular nach Tabelle Art 2 dekliniert: trotz seines hohen Alters.

Tabelle Art 4

	Maskulinum	Neutrum	Femininum	Plural
N.	derartig-er	derartig-es	derartig-e	Siehe Tabelle Art 3
G.	derartig-en	derartig-en	derartig-en	
D.	derartig-en	derartig-en	derartig-en	
A.	derartig-en	derartig-es	derartig-e	

Nach Tabelle Art 4 werden dekliniert: ein *derartiger*, ein *jeder*, ein *solcher*.

Beachte:

1) Folgende Formen sind für die Deklination nach

Tabelle Art 4 charakteristisch: Genitiv Singular bei Maskulina und Neutra auf *-en* (im Unterschied zu den Tabellen Art 1 und Art 2); Dativ Singular bei Maskulina und Neutra sowie Genitiv und Dativ Singular bei Feminina auf *-en* (im Unterschied zu den Tabellen Art 1, Art 2 und Art 3).

2) *ein derartiger*: Im Unterschied zu *derjenige* und *derselbe* wird die Komponente *der-* nicht verändert, die Komponente *ein* wird normal nach Tabelle Art 2 dekliniert: trotz eines derartigen Fehlers, mit einer derartigen Verantwortung, bei derartigen Fehlern. Ohne die Komponente *ein* wird *derartiger* im Singular nach Tabelle Art 3 dekliniert: trotz derartigen Unsinns, mit derartigem Zeug.

3) *ein jeder*: Die Komponente *ein* wird normal nach Tabelle Art 2 dekliniert: trotz eines jeden Fehlers, mit einer jeden Kollegin. Ohne die Komponente *ein* wird *jeder* nach Tabelle Art 1 dekliniert: wegen jedes neuen Mitarbeiters.

4) *ein solcher*: Die Komponente *ein* wird normal nach Tabelle Art 2 dekliniert: trotz eines solchen Fehlers, mit einer solchen Kollegin. Ohne die Komponente *ein* wird *solcher* nach Tabelle Art 3 dekliniert: mit solchem Zeug.

Art 5   **Tabelle Art 5**

Folgende artikelähnliche Wörter werden nicht dekliniert:	
all	mancherlei
allerlei	ein paar
deren	solch
dergleichen	soviel
derlei	viel
dessen	vielerlei
dies	was für
etwas	welch
manch	(ein) wenig
	wieviel

Beachte:
1) Diese artikelähnlichen Wörter dürfen nicht mit anderen Varianten oder artikelähnlichen Wörtern verwechselt werden, die obligatorisch zu deklinieren sind: alle(r), derjenige, derselbe, dieser, mancher, solcher, (so) viele, wie viele, welcher, wenige.
2) Die artikelähnlichen Wörter *dies, etwas* und *ein wenig* sind nur vor Substantiven im Singular möglich, *ein paar* kann nur vor Substantiven im Plural gebraucht werden: dies/etwas/ein wenig Salz, ein paar Äpfel.

2. Die Flexion der (attributiven oder substantivischen) Adjektive nach dem bA, uA, NA oder nach artikelähnlichen Wörtern

Die (attributiven oder substantivisch gebrauchten) Adjektive werden in Abhängigkeit vom Artikel bzw. vom artikelähnlichen Wort nach drei verschiedenen Mustern dekliniert. Wir stellen diese Deklinationsmuster in den Tabellen Aj 1 bis Aj 3 dar.

Tabelle Aj 1

	Maskulinum	Neutrum	Femininum	Plural
N.	klein-e	klein-e	klein-e	klein-en
G.	klein-en	klein-en	klein-en	klein-en
D.	klein-en	klein-en	klein-en	klein-en
A.	klein-en	klein-e	klein-e	klein-en

Nach Tabelle Aj 1 („schwache" Deklination) werden die Adjektive nach folgenden Artikelwörtern dekliniert: alle(r), beide, der, derjenige, derselbe, dies, dieser, einiges (Neutrum Singular), etliches (Neutrum

Singular), irgendwelcher, jeder, jedweder, jeglicher, jener, keine (nur Plural), manche(r), meine usw. (nur Plural), sämtliche(r), welche(r).

Beachte:

1) Folgende Endungen sind für die Deklination nach Tabelle Aj 1 charakteristisch: Nominativ Singular bei Maskulina und Neutra sowie Akkusativ Singular bei Neutra auf *-e* (im Unterschied zu den Tabellen Aj 2 und Aj 3); Nominativ, Genitiv und Akkusativ Plural auf *-en* (im Unterschied zu Tabelle Aj 3).

2) Nach *beide* werden die Adjektive seltener auch nach Tabelle Aj 3 dekliniert: beide jungen oder junge Leute, beider jungen oder junger Leute. Nach *die/alle beiden* gilt nur Tabelle Aj 1: die beiden jungen Leute.

3) *Dies* ist nur im Nominativ/Akkusativ Singular Neutrum möglich: dies große Fenster.

4) Adjektive nach *dieser mein* usw. werden im Singular nach Tabelle Aj 2 dekliniert: dieser sein neuer Chef.

5) Nach *einiges* und *etliches* gilt Tabelle Aj 1 nur im Singular Neutrum: einiges bare Geld (vgl. auch Aj 2 und Aj 3).

6) Nach *irgendwelche* und *manche* im Plural kann das Adjektiv auch nach Tabelle Aj 3 dekliniert werden: irgendwelche alten oder alte Bücher, der Inhalt irgendwelcher alten oder alter Bücher, trotz mancher guten oder guter Ratschläge.

7) Nach *kein* und *mein* (usw.) gilt Tabelle Aj 1 nur im Plural: seine neuen Bücher. Im Singular gilt Tabelle Aj 2: sein neues Buch.

8) Nach *sämtliche(r)* schwankt der Gebrauch stark: sämtlicher verursachte oder verursachter Schaden, sämtliches alte oder altes Gerümpel, mit sämtlichem alten oder altem Gerümpel, sämtliche neuen oder neue Bücher, wegen sämtlicher neuen oder neuer Bücher.

	Maskulinum	Neutrum	Femininum	Plural
N.	klein-er	klein-es	klein-e	Siehe
G.	klein-en	klein-en	klein-en	Tabelle
D.	klein-en	klein-en	klein-en	Aj 3
A.	klein-en	klein-es	klein-e	

Aj 2

Nach Tabelle Aj 2 („gemischte" Deklination) werden die Adjektive nach folgenden Artikelwörtern dekliniert: (ein) derartiger, ein, einiger (nur Maskulinum Singular), etlicher (nur Maskulinum Singular), irgendein, kein (nur Singular), manch ein, mein usw. (nur Singular), (ein) solche(r), so ein, solch ein, was für (ein), welch ein.

Beachte:

1) Folgende Endungen sind für die Deklination nach Tabelle Aj 2 charakteristisch: Nominativ Singular bei Maskulina und Neutra auf -er bzw. -es (im Unterschied zu Tabelle Aj 1); Akkusativ Singular Neutrum auf -es (im Unterschied zu Tabelle Aj 1).

2) Nach *ein derartiger* gilt Tabelle Aj 2, aber nach *jeder derartige* bzw. *alle derartigen* gilt Tabelle Aj 1: jedes derartige kleine Lebewesen, trotz aller derartigen wertvollen Versuche.

3) Nach *einiger* und *etlicher* gilt Tabelle Aj 2 nur für Maskulina Singular: etlicher hochprozentiger Alkohol (vgl. auch Aj 1 und Aj 3).

4) Tabelle Aj 2 gilt nach *kein* und den Possessiva nur im Singular. Im Plural werden die Adjektive nach Tabelle Aj 1 dekliniert.

Tabelle Aj 3   Aj 3

	Maskulinum	Neutrum	Femininum	Plural
N.	klein-er	klein-es	klein-e	klein-e
G.	klein-en	klein-en	klein-er	klein-er
D.	klein-em	klein-em	klein-er	klein-en
A.	klein-en	klein-es	klein-e	klein-e

Nach Tabelle Aj 3 („starke" Deklination) werden die Adjektive nach folgenden Artikelwörtern dekliniert: allerlei, ein bißchen, deren, dergleichen, derlei, dessen, einige (nur Plural und Femininum Singular), etliche (nur Plural und Femininum Singular), etwas, manch, mancherlei, mehrere, Nullartikel (NA), ein paar, solch, soviel, (so) viele(r), viel, vielerlei, welch, (ein) wenig, wenige, wieviel, wie viele.

Beachte:

1) Folgende Endungen sind für die Deklination nach Tabelle Aj 3 charakteristisch: Nominativ Singular bei Maskulina und Neutra auf *-er* bzw. *-es* (im Unterschied zu Tabelle Aj 1); Akkusativ Singular Neutrum auf *-es* (im Unterschied zu Tabelle Aj 1); Dativ Singular bei Maskulina und Neutra auf *-em* (im Unterschied zu den Tabellen Aj 1 und Aj 2); Genitiv und Dativ Singular bei Feminina auf *-er* (im Unterschied zu den Tabellen Aj 1 und Aj 2); Nominativ und Akkusativ Plural auf *-e* (im Unterschied zu Tabelle Aj 1); Genitiv Plural auf *-er* (im Unterschied zu Tabelle Aj 1).

2) Tabelle Aj 3 gilt nach allen undeklinierbaren artikelähnlichen Wörtern außer *all* (vgl. Tabelle Art 5 auf S. 198).

3) Tabelle Aj 3 gilt nach *einige* und *etliche* nur im Plural und bei Feminina auch im Singular (vgl. auch die Tabellen Aj 1 und Aj 2).

4) Die Wörter *mehrere, ein paar, wenige* und *wie viele* sind nur im Plural möglich, *ein bißchen, etwas* und *ein wenig* nur im Singular.

5) Die Wörter *viel, wieviel, soviel* und *wenig* (undekliniert) werden im Plural vor allem im Nominativ und im Akkusativ verwendet: (so)viel junge Leute.

6) Nach *die/diese/meine paar* wird das Adjektiv nach Tabelle Aj 1 dekliniert: trotz der paar klugen Ideen.

Regeln zur Verschmelzung (Kontraktion) von Präposition und bA

1. Standardsprache

In der Standardsprache (Hoch-, Literatursprache) kommen folgende Verschmelzungen von Präposition und bA relativ häufig vor:

Maskulinum: am (= an dem), beim, im, vom, zum

Neutrum: ans (= an das), aufs, ins; am, beim, im, vom, zum

Femininum: zur (= zu der)

Diese Verschmelzungen werden vor allem unter folgenden **Bedingungen** verwendet:

1. bei Substantiven (einschl. Eigennamen) mit dem bA, die durch die außersprachliche Situation das Merkmal der **Einmaligkeit (Unikalität)** erhalten (vgl. die Regeln D 1 bis D 5):

> *am* Bosporus, *am* Rhein, *beim* Bürgermeister, *beim* Skat, *im* Atlantik, *im* Karlex, *im* Kapitalismus, *vom* Mond, *vom* Präsidenten, *vom* Inhalt, *zum* Äquator, *zum* Rathaus, *zum* Nationalfeiertag; *am* Bein, *im* Vogtland, *im* nächsten Frühjahr, *ans* Bein, *ins* Vogtland; *zur* Tschechoslowakei, *zur* Intelligenz, Gasthof „*Zur* guten Quelle"

2. bei Substantiven mit dem bA, die durch eine **Ordinalzahl**, ein **attributives Adjektiv** (besonders im Superlativ) oder ein **attributives Substantiv** identi-

fiziert werden (vgl. die Regeln D 13.1. bis
D 13.4.):

> *am* ersten September, *beim* zweiten Durch-
> gang, *ins* dritte Schuljahr, *zur* ersten Prüfung;
> *vom* besten Schwimmer; *am* gestrigen Abend,
> *ins* hintere Fach, *zur* erwähnten Zeit; *am*
> Rande des Spielfeldes, *zur* Zeit des Dreißig-
> jährigen Krieges

Diese Regel gilt nicht bei Substantiven mit dem
bA, die durch einen Nebensatz identifiziert werden
(vgl. Regel D 13.5.):

> Er kam *am* Dienstag. Aber: Er kam an *dem*
> Dienstag, an dem sie Geburtstag hatte. – Er
> begleitete sie zu *dem* Haus, in dem sie
> wohnte.

3. bei Substantiven mit dem bA in **partiellen Typisierungen** (vgl. D 11):

> *aufs* Gymnasium gehen, *beim* Zirkus arbeiten,
> *ins* Kino gehen, *zur* Schule gehen

4. bei **substantivierten Infinitiven** und substantivisch
gebrauchten **Adjektiven:**

> *beim* Essen, *vom* Rauchen, *zum* Trinken, *ins*
> Wanken kommen; *ins* Freie, *ins* Blaue, *aufs*
> neue

5. bei Substantiven mit dem bA in **Funktionsverbgefügen** (vgl. D 14):

> etw. *ins* Rollen bringen, etw. *zur* Aufführung
> bringen, etw. *zur* Kenntnis nehmen

6. bei Substantiven mit dem bA in einigen **Adverbialbestimmungen**, besonders in Temporalbestimmungen (vgl. D 15):

> *am* Montag, *im* Mai, *vom* Sonntag *zum* Mon-
> tag; *im* Spaß, *zur* Strafe. So auch: *am* besten,
> *am* schnellsten usw.

7. bei Substantiven mit dem bA in **Phraseologismen**
(vgl. D 18):

> *ans* Licht kommen, jem. *beim* Wort nehmen,
> die Katze *im* Sack kaufen – Was man nicht
> *im* Kopf hat, muß man in den Beinen ha-
> ben.

Beachte:

1) Vorerwähnte Substantive erlauben in der Regel
   keine Kontraktion (vgl. D 7 ♦ 1):

   > Auf der Wiese graste eine Ziege. Der Junge
   > ging zu *dem* (nicht: ˣzum) Tier hin.

2) Der (betonte) bA in demonstrativer Bedeutung ent-
   zieht sich ebenfalls der Kontraktion (vgl. D 3 ♦ 1):

   > Geh bitte mal zu *dem* (nicht: ˣzum) Mann
   > dort!

3) Wenn eine Präposition vor Substantiven mit unterschiedlichem Genus oder Numerus gebraucht wird,
   muß die in der Kontraktion enthaltene Präposition
   vor dem zweiten Substantiv wiederholt werden:

   > Wir erkannten sie *am* Gang und *an der* Hal-
   > tung. (Nicht: … ˣam Gang und der Hal-
   > tung.) – Er berichtete über die Arbeit der Ab-
   > geordneten *im* Plenum und *in den* Kommis-
   > sionen. (Nicht: … ˣim Plenum und den
   > Kommissionen.)

2.   Umgangssprache

Vor allem in der Umgangssprache, vereinzelt auch
in bestimmten (festen) Wendungen der Standardsprache, kommen noch folgende Verschmelzungen
vor:

Maskulinum:	außerm, hinterm, hintern, überm, übern, unterm, untern, vorm
Neutrum:	durchs, fürs, hinters, nebens, übers, ums, unters, vors; außerm, hinterm, überm, unterm, vorm

1. In der **Standardsprache** gehören u. a. folgende **Wendungen** hierher:

> (ganz) *außerm* Häuschen sein, *fürs* erste, jem. *hinters* Licht führen, etw. nicht *übers* Herz bringen, *ums* Leben kommen

2. In der **Umgangssprache** sind auch solche (nichtstandardsprachlichen) Verschmelzungen möglich wie:

> *durchs* Haus gehen, *fürs* Examen lernen, etw. *hintern* Schrank stellen, *überm* Eingang wohnen, *unterm* Tisch liegen, *vorm* Tor stehen u. v. a.

B e a c h t e :

1) In der (mundartnahen) Umgangssprache werden zuweilen auch andere Verschmelzungen verwendet. Sie sind in der Standardsprache nicht möglich. In der Regel werden sie mit einem Apostroph geschrieben:

> an'n (= an den), an'r (= an der), auf'm, auf'n, aus'm, durch'n, in'n, mit'm, nach'm, vorn u.a.

2) In der (mundartnahen) Umgangssprache kann der bA auch an das finite Verb herangezogen werden:

> Sie *hat's* große Los gewonnen. – Er *schlug'n* Nagel in die Wand.

Regeln zur Wort- bzw. Satzgliedstellung

1. Zur Stellung von Artikel und Substantiv

Der Artikel steht immer vor dem betreffenden Substantiv:

> Dort liegt *ein* Buch. – *Das* Mädchen hat *seinem* Freund *ein* Buch geschenkt. – *Der* Junge wünscht sich auch *ein solches* Auto.

Adjektivattribute stehen zwischen Artikel und Substantiv:

> *Der* kleine Junge wünscht sich auch *ein solches* ferngesteuertes Auto. – Dort liegt *das* von Peter Müller geschriebene und soeben erst in den Handel gekommene Buch.

Beachte:
Die mehrteiligen artikelähnlichen Wörter *alle die* und *die beiden* können besonders in der Umgangssprache so voneinander getrennt werden, daß *alle* bzw. *beide* erst nach dem Substantiv erscheinen:

> Man hat *alle die* Bäume gefällt. Auch: Man hat *die* Bäume *alle* gefällt. Oder: *Die* Bäume hat man *alle* gefällt. – *Die beiden* Kinder sind zu spät gekommen. Auch: *Die* Kinder sind *beide* zu spät gekommen.

Auch *kein* tritt zuweilen hinter das Substantiv („Distanzstellung"):

Er hatte schon lange *keine* Eltern mehr. Auch:
Eltern hatte er schon lange *keine* mehr.

In stark emotionalen Äußerungen kann sogar der bA
dem Substantiv nachgestellt werden:

„Diese Brüder!" stieß er verächtlich hervor,
„Speckjäger, *die*!"

2. Zur Stellung der Komponenten mehrteiliger artikelähnlicher Wörter

Für die Stellung mehrteiliger artikelähnlicher
Wörter sind verschiedene **Typen** zu unterscheiden.

1. bA + zweite Komponente:

   die beiden, das bißchen, die paar, das sämtliche, die vielen, die wenigen.

2. uA + zweite Komponente:

   ein bißchen, ein derartiger, ein jeder, ein jeglicher, ein paar, ein solcher, ein wenig.

3. Erste Komponente + bA:

   all der, alle die.

4. Erste Komponente + uA:

   manch ein, so ein, solch ein, was für ein,
   welch ein.

5. all(er) + zweite Komponente:

   alle beide(n), alle diejenigen, all dieselben, all
   dies, alle jene, alle unsere, alle solchen.

6. diese(r)/jene(r) + zweite Komponente:

diese beiden, dieses bißchen, dieser unser,
dieses paar, diese sämtlichen, diese vielen,
diese wenigen.
Beachte auch: derselbe – aber dieser selbe.

7. jeder + zweite Komponente:

jedes bißchen, jeder derartige, jeder solche.

8. Possessivum + zweite Komponente:

meine beiden, dein bißchen, seine paar, unser
sämtliches, euer vieler, ihre wenigen.

Beachte:
1) Das artikelähnliche Wort *solche(r)* wird mit dem uA
(ein solcher) und mit den meisten artikelähnlichen
Wörtern kombiniert, zum Beispiel: alle solchen, einige solche, irgendein solcher, ein paar solche, vielerlei solche, wieviel solche usw. Auf keinen Fall ist
solche(r) kombinierbar mit: beide, derartige(r), deren, dergleichen, derjenige, derselbe, dessen,
dies(er), mein (usw.), so, solch, welch.
2) Einige artikelähnliche Wörter bestehen obligatorisch aus zwei Komponenten, wobei meist eine der
Komponenten variiert werden kann: all das/
dies(es)/unser, das/ein/dieses/jedes/unser bißchen, das/ein/dieses paar/meine paar, so ein
(ohne Variierungsmöglichkeit).

3. **Zur Stellung mehrerer Satzglieder
mit demselben Artikel**

Die Satzgliedstellung hängt von Faktoren verschiede-
ner Ebenen ab. Es sind vor allem syntaktische, morphologische und intentionale Faktoren. In der gesprochenen Sprache kommen noch intonatorische Faktoren hinzu.

Syntaktische und morphologische Faktoren legen obligatorisch oder fakultativ die „Normalstellung" der Satzglieder fest.

Diese „Normalstellung" kann durch intentionale und/ oder intonatorische Faktoren modifiziert werden. Auf gedrängtem Raum können hier nur einige Grundregeln (manchmal sogar nur „Faustregeln") geboten werden.

Die Stellung mehrerer Glieder eines Satzes mit demselben Artikel hinter dem finiten Verb hängt vor allem von syntaktischen Faktoren ab, nämlich von ihrem **Satzgliedwert.**

Nach diesem Prinzip beanspruchen die einzelnen Satzglieder mit demselben Artikel die jeweils letzte Position im Satz in folgender Rangordnung (vgl. auch GRUNDZÜGE 1981, S. 741 ff.):

1. Adverbiale I (= notwendige Adverbialbestimmung):

   > Der Polizist hat den Verdächtigen bis *ins* Haus verfolgt.

2. Präpositionalobjekt:

   > Monika zeichnete einen Jungen mit *einer* Urkunde aus.

3. Akkusativobjekt:

   > Monika schenkte einem Jungen *ein* Buch.

4. Dativ- bzw. Genitivobjekt:

   > Peter begegnete eines Tages *einem* alten Bekannten.

5. Adverbiale II (= freie und damit weglaßbare Adverbialbestimmung):

   > Peter erwachte eines Tages in *einem* fremden Zimmer.

> In einer kleinen Stadt lebte einst *ein* armer
> Schuster.

Beachte:
1) Jedes Satzglied kann unter bestimmten Bedingungen auch die Position vor dem finiten Verb einneh-
men. Es unterliegt dann nicht mehr der oben dargestellten Rangordnung:

> Bis *ins* Haus hat der Polizist den Verdächti-
> gen verfolgt. – Mit *einer* Urkunde zeichnete
> Monika einen Jungen aus. – *Ein* Buch hat
> Monika einem Jungen geschenkt. – *Einem* al-
> ten Bekannten begegnete Peter eines Tages. –
> In *einem* fremden Zimmer erwachte Peter
> eines Tages. – *Ein* armer Schuster lebte einst
> in einer kleinen Stadt.

2) Vergleiche auch die Abschnitte 4. und 5. dieses Kapitels.

4. Zur Stellung mehrerer Satzglieder mit bA und uA bzw. NA

Auch hier können wiederum nur einige Grundregeln
(evtl. auch nur „Faustregeln") formuliert werden. Die
Gründe dafür haben wir in der Einleitung zu Abschnitt 3. dieses Kapitels dargelegt (vgl. dort).

> Vor allem Subjekte, Akkusativobjekte und Dativ-/
> Genitivobjekte mit dem uA bzw. dem NA stehen
> hinter Satzgliedern mit dem bA.

> Damals hat *die* Frau *dem* Kind *ein*
>   Buch geschenkt.
> Damals hat *die* Frau *einem* Kind *ein*
>   Buch geschenkt.

Damals hat *dem* Kind *eine* Frau *ein*
Buch geschenkt.
Damals hat *die* Frau *das* Buch *einem*
Kind geschenkt.
Damals hat *dem* Kind *das* Buch *eine*
Frau geschenkt.

Bei Satzgliedern mit Präpositionen hat der Artikel entweder keinen Einfluß auf die nach Abschnitt 3. (vgl. dort) festgelegte Position:

Der Polizist hat *einen* Verdächtigen bis *ins* Haus verfolgt. – Peter erwachte *eines* Tages in *dem* fremden Zimmer.

oder die Gliedfolge kann sowohl nach Abschnitt 4. als auch nach Abschnitt 3. festgelegt werden:

Monika will mit *der* Urkunde *einen* Jungen auszeichnen. Oder: Monika will *einen* Jungen mit *der* Urkunde auszeichnen.

Beachte:
1) Vergleiche auch die Abschnitte 3. und 5. dieses Kapitels.
2) Der NA hat für die Satzgliedstellung dieselben Konsequenzen wie der uA:

Damals hat *die* Frau *Kindern*   *ein* Buch
geschenkt.
Damals hat *die* Frau *einem* Kind *Bücher*
geschenkt.

5.   **Zur Stellung mehrerer Satzglieder mit bA,
uA bzw. NA und artikelähnlichen Wörtern**

Auch hier können wiederum nur einige Grundregeln (evtl. auch nur „Faustregeln") formuliert werden (vgl. dazu die Einleitung zu Abschnitt 3. dieses Kapitels).

Die Stellung mehrerer Satzglieder (vor allem Subjekte, Akkusativobjekte und Genitiv-/Dativobjekte) mit dem bA, dem uA bzw. dem NA und artikelähnlichen Wörtern hängt u. a. auch vom „Determinationsgrad" der Artikelwörter ab.

(vgl. HAYAKAWA 1976, S. 30 ff.) Für den Anspruch auf die jeweils letzte Position im Satz gilt unter diesem Aspekt folgende Rangordnung:

1. uA oder NA:

    Monika schenkt dem / ihrem / diesem Kind *ein* Buch. – Monika schenkt dem / ihrem / diesem Kind *Bücher.*

2. Possessivum:

    Monika schenkt das / dieses Buch *ihrem* Kind.

3. bA:

    Monika schenkt es *dem* Kind. Aber: Monika schenkt *das* Buch ihrem / einem Kind.

4. artikelähnliche Wörter (außer Possessivum):

    Monika schenkt es *diesem* Kind. Aber: Monika schenkt *diesem* Kind das / ihr / ein Buch.

Beachte:

1) Die Stellung der Satzglieder mit einer Präposition wird vom „Determinationsgrad" der Artikelwörter entweder überhaupt nicht beeinflußt:

    Der Polizist hat *einen* Verdächtigen bis in *sein / dieses / irgendein* Haus verfolgt. – Peter erwachte *eines* Tages in *diesem / irgendeinem* fremden Zimmer.

oder die Gliedfolge kann sowohl nach Abschnitt 5. als auch nach Abschnitt 3. festgelegt werden:

    Monika will mit *der / ihrer / dieser* Urkunde *einen* Jungen auszeichnen. Oder: Monika will *einen* Jungen mit *der/ihrer/dieser* Urkunde auszeichnen.

2) Im praktischen Sprachgebrauch wird oft zwischen den Rangansprüchen des Possessivums, des bA und der artikelähnlichen Wörter nicht streng unterschieden, so daß es hier häufig – auch im Zusammenhang mit der Intonation – zu Schwankungen kommt:

> Monika schenkt *das/dieses* Buch *ihrem* Kind. Oder: Monika schenkt *ihrem* Kind *das/dieses* Buch. – Monika schenkt *allen/mehreren/ein paar/vielen* Kindern *das/ihr* Buch. Oder: Monika schenkt *das/ihr* Buch *allen/mehreren/ein paar/vielen* Kindern.

Der uA bzw. der NA behauptet allerdings in der Regel die letzte Position:

> Monika schenkt *allen/mehreren/ein paar/vielen* Kindern *ein* Buch/*Bücher*.

3) Vergleiche auch die Abschnitte 3. und 4. dieses Kapitels.

Verzeichnis der Regeln, in denen der Gebrauch artikelähnlicher Wörter beschrieben wird

(ein) solche(r): E 3 ♦ 3; E 8.3.; N 1.1. ♦ 2; N 1.2. ♦ 4;
   N 1.3. ♦ 3.
viel: N 1.2. ♦ 4; N 1.3. ♦ 3; N 3 ♦ 3.
viele(r): N 1.1. ♦ 2; N 1.3. ♦ 3; N 3 ♦ 3.
was für (ein): E 3 ♦ 3; E 8.1. ♦ 3.
(ein) wenig: N 1.2. ♦ 4; N 1.3. ♦ 3; N 3 ♦3.
wenige(r): N 1.1. ♦ 2; N 1.3. ♦ 3; N 3 ♦ 3.

Beachte:
Im Unterschied zu den meisten Adjektiven (vgl. aber
D 13.3.a. und E 8.1.a.) können die artikelähnlichen Wörter
nicht wahlweise mit dem bA oder dem uA oder (vielen/al-
len) artikelähnlichen Wörtern kombiniert werden. Trotzdem
gibt es eine Reihe von **Kombinationsmöglichkeiten:**

1) Mit dem bA werden kombiniert: all, alle(r), beide, bißchen, paar, sämtliche(r), viele(r), wenige(r). Außer bei
   all und *alle(r)* steht der bA vor dem artikelähnlichen
   Wort: die beiden, das bißchen, die paar, die vielen usw.;
   aber: all das, alle die.
2) Mit dem uA werden kombiniert: bißchen, derartige(r),
   jeder, jeglicher, manch, paar, so, solch, solche(r), was
   für, welch, wenig. Der uA steht vor *bißchen, derartige(r),
   jeder, jeglicher, paar, solche(r), wenig*: ein bißchen, ein derartiger, ein jeder usw. In den anderen Fällen steht der
   uA als zweite Komponente: manch ein, so ein, solch ein,
   was für ein, welch ein.
3) Mit vorangestelltem undekliniertem *all* werden kombiniert: derjenige, derselbe, dies, diese(r), jene(r), mein
   (usw.), solche(r): all diejenigen, all diese, all solches usw.
   Mit vorangestelltem *alle(r)* wird außer den schon genannten Wörtern auch *beide* kombiniert: alle beide(n),
   alle diese, alle meine usw.
4) Mit vorangestelltem *diese(r)* bzw. *jene(r)* werden kombiniert: beide, bißchen, mein (usw.), paar, sämtliche(r),
   viele(r), wenige(r): diese beiden, dies(es) bißchen, dieser
   unser, diese vielen usw. Mit nachgestelltem *diese(r)/
   jene(r)* werden nur *all* und *alle(r)* kombiniert: all dieser,
   alle jene usw. Das artikelähnliche Wort *derselbe* kann
   auch als *dieser/jener selbe* gebraucht werden.
5) Mit vorangestelltem *jeder* werden kombiniert: bißchen,
   derartige(r), solche(r): jedes bißchen, jeder derartige
   usw.
6) Mit vorangestelltem Possessivum werden kombiniert:

beide, bißchen, paar, sämtliche(r), viele(r), wenige(r): meine beiden, unsere paar, dein vieler, unsere wenigen usw. Mit nachgestelltem Possessivum werden kombiniert: all, alle(r), diese(r): all mein, alle unsere, dieses unser usw.

7) *Solche(r)* wird mit dem uA *(ein solcher)* und mit den meisten artikelähnlichen Wörtern kombiniert, zum Beispiel: alle solchen, einige solche, irgendein solcher, ein paar solche, vielerlei solche, wieviel solche usw. Auf keinen Fall ist *solche(r)* kombinierbar mit: beide, derartige(r), deren, dergleichen, derjenige, derselbe, dessen, dies(er), mein (usw.), so, solch, welch.

8) Einige artikelähnliche Wörter bestehen obligatorisch aus zwei Komponenten, wobei eine der Komponenten variiert werden kann: all das / dies(es) / unser, das / ein / dieses / jedes / unser bißchen, das / ein / dieses paar / meine paar, so ein (ohne Variierungsmöglichkeit).

9) Zur Flexion der artikelähnlichen Wörter vergleiche Seite 194 bis 199.

10) Zu den synonymischen Beziehungen zwischen dem bA, dem uA, dem NA und artikelähnlichen Wörtern vergleiche Seite 218 bis 219.

Verzeichnis der Regeln, in denen synonymische Beziehungen zwischen bA, uA, NA und artikelähnlichen Wörtern beschrieben werden

bA – alle: D 2.1.a./b.; D 3; D 7 ♦ 8; D 9; E 4; N 6.

bA – derjenige: D 13.5. ♦ 2; E 8.3. ♦ 1.

bA – derselbe: D 13.3. ♦ 7.

bA – dieser: D 3; D 6; D 7; D 13.

bA – jeder: D 7 ♦ 8; D 9; E 4; N 6.

bA – jener: D 3; D 6; D 7; D 13.

bA – mein (und andere Possessivpronomina): D 2.1.a.; D 6.3.; D 7 ♦ 8; D 13; D 18 ♦ 2.

bA – NA: D 1.5a.; D 9; D 11 ♦ 1; D 11 ♦ 3; D 13.3. ♦ 1; E 4; N 6; N 12 ♦ 1; N 17 ♦ 2; N 18 ♦ 3; N 19 ♦ 2.

bA – uA: D 9; D 10 ♦ 3; D 11 ♦ 1; E 4; E 5 ♦ 2; E 8.1. ♦ 2; E 10 ♦ 2; E 12 ♦ 1; N 6.

NA – alle: D 9; E 4; N 6.

NA – bA: D 1.5.a.; D 9; D 11 ♦ 1; D 11 ♦ 3; D 13.3. ♦ 1; E 4; N 6; N 12 ♦ 1; N 17 ♦ 2; N 18 ♦ 3; N 19 ♦ 2.

NA – ein bißchen: N 1.2. ♦ 4; N 1.3. ♦ 3; N 3 ♦ 3.

NA – derartige: N 1.1. ♦ 2; N 1.3. ♦ 3.

NA – dergleichen: N 1.3. ♦ 3.

NA – derlei: N 1.3. ♦ 3.

NA – einige(r): E 1 ♦ 1; E 2 ♦ 7; N 1.1. ♦ 2; N 1.2. ♦ 4; N 1.3. ♦ 3; N 3 ♦ 3.

NA – etliche(r): E 1 ♦ 1; E 2 ♦ 7; N 1.1. ♦ 2; N 1.2. ♦ 4; N 1.3. ♦ 3; N 3 ♦ 3.

NA – etwas: N 1.2. ♦ 4; N 1.3. ♦ 3; N 3 ♦ 3.

NA – irgendwelche(r): E 3 ♦ 2; N 1.1. ♦ 2; N 1.2. ♦ 4; N 1.3. ♦ 3; N 3 ♦ 3.

NA – jeder: D 9; E 4; N 6.

NA – manche(r): N 1.1. ♦ 2; N 1.3. ♦ 3.

NA – mehrere: E 1 ♦ 1; E 2 ♦ 7; N 1.1. ♦ 2; N 3 ♦ 3.

NA – ein paar: N 1.1. ♦ 2; N 1.3. ♦ 3; N 3 ♦ 3.

NA – so ein: N 1.3. ♦ 3.

NA – solche: N 1.1. ♦ 2; N 1.3. ♦ 3.

NA – uA: D 9; E 4; E 8; N 1.2. ♦ 5; N 6; N 18 ♦ 3; N 19 ♦ 2; N 21 ♦ 2/3.

NA – viel: N 1.2. ♦ 4; N 1.3. ♦ 3; N 3 ♦ 3.

NA – viele: N 1.1. ♦ 2; N 1.3. ♦ 3; N 3 ♦ 3.

NA – (ein) wenig: N 1.2. ♦ 4; N 1.3. ♦ 3; N 3 ♦ 3.

NA – wenige: N 1.1. ♦ 2; N 1.3. ♦ 3; N 3 ♦ 3.

uA – alle: D 9; E 4; N 6.

uA – bA: D 9; D 10 ♦ 3; D 11 ♦ 1; E 4; E 5 ♦ 2;
E 8.1. ♦ 2; E 10 ♦ 2; E 12 ♦ 1; N 6.

uA – irgendein: E 1 ♦ 3; E 2 ♦ 2; E 3 ♦ 2; E 7 ♦ 1;
E 8.1. ♦ 5; E 9 ♦ 4.

uA – jeder: D 9; E 4; N 6.

uA – NA: D 9; E 4; E 8; N 1.2. ♦ 5; N 6;
N 18 ♦ 3; N 19 ♦ 2; N 21 ♦ 2/3.

uA – so ein: E 3 ♦ 3; E 8.3.

uA – solch ein: E 3 ♦ 3; E 8.3.

uA – (ein) solcher: E 3 ♦ 3; E 8.3.; N 1.2. ♦ 4.

Erklärung der in den formalisierten Regeln verwendeten Symbole

ABSTRAKT: Der Artikelgebrauch ist an (bestimmte) **Abstrakta** gebunden: N 1; N 5.

ÄQU: Der Artikelgebrauch ist an (bestimmte) **gleiche Voraussetzungen** bei Sprecher und Hörer gebunden: D 5.

ATTRIB: 1. Der Artikelgebrauch setzt voraus, daß beim betreffenden Substantiv ein **Attribut** (bestimmter Art) steht: D 13; E 8; N 13. – 2. Der Artikelgebrauch gilt für Substantive in einem **Attribut**: N 21.

bA: bestimmter Artikel *der, die, das*: D 1 bis D 18.

BELIEBIG: Das Substantiv bezeichnet einen **beliebigen Gegenstand** aus einer Gesamtheit von Gegenständen. Das Merkmal BELIEBIG setzt – IDENT und – SPEZ voraus: E 1.2.; E 2 ♦ 1.

EFF.-DISTRIB: Der Artikelgebrauch ist an **effektiv-distributive Generalisierungen** gebunden, in denen das Substantiv zugleich die Gesamtheit aller durch dieses Substantiv benennbaren Gegenstände und jeden einzelnen Gegenstand dieser Gesamtheit bezeichnet: D 9; E 4; N 6.

EN: Der Artikelgebrauch ist an (Gruppen von) **Eigennamen** gebunden: D 17; E 11; N 23.

EXEMPL: Der Artikelgebrauch ist an **exemplarische Generalisierungen** gebunden, in denen ein (beliebiger) einzelner Gegenstand aus einer Gesamtheit beispielhaft (= exemplarisch) für diese Gesamtheit gesetzt wird: E 5; E 6; N 7; N 8.

FIKTIV: Das Substantiv bezeichnet einen Gegenstand, den der Sprecher durchaus identifizieren könnte. Er verzichtet aber (vorläufig) auf eine Identifizierung und setzt ihn **fiktiv** für den Hörer als – IDENT: E 1.4.

FVG: Der Artikelgebrauch ist an bestimmte **Funktionsverbgefüge** gebunden: D 14; E 9; N 15.

1 GEGST: Das Substantiv bezeichnet genau **1 Gegenstand**: E 1; E 2; E 3; E 8.

n GEGST: Das Substantiv bezeichnet **mehr als 1 Gegen-**

stand, also eine (Teil-)Menge von (gleichartigen) Gegenständen: N 1; N 3; N 5.

GENER: Der Artikelgebrauch ist an eine **generalisierende Äußerung** (= Generalisierung) gebunden: D 9; D 10; E 4; E 5; E 7.1.; N 6; N 7.

GRAM: Der Artikelgebrauch ist an bestimmte **grammatische** (= syntaktische) **Konstruktionen** gebunden: D 12; D 14; D 15; D 16; E 9; E 10; N 11; N 12; N 13; N 14; N 15; N 16; N 17; N 18; N 19; N 20; N 21; N 22.

HAB: Der Artikelgebrauch setzt eine grammatische Konstruktion mit dem Verb **haben** voraus: E 10.

+ IDENT: Das Substantiv bezeichnet einen Gegenstand, der vom Sprecher **eindeutig identifiziert** werden kann und den der Hörer ebenfalls als identifiziert auffassen soll: D 1; D 2; D 3; D 4; D 5; D 7; D 8; D 9 ♦ 2; D 13; E 1; E 2.

− IDENT: Das Substantiv bezeichnet einen Gegenstand, der (noch) **nicht eindeutig identifiziert** werden kann oder soll: E 1; E 2; E 3; E 8; N 1; N 3; N 5.

+ IDENTIFIZ S/S: Das Substantiv bezeichnet einen Gegenstand, der **vom Sprecher/Schreiber identifiziert werden kann**, auch wenn er (vorläufig) auf eine solche Identifizierung verzichtet. Das Merkmal + IDENTIFIZ S/S setzt − IDENT und + SPEZ voraus: E 3 ♦ 2.

− IDENTIFIZ S/S: Das Substantiv bezeichnet einen Gegenstand, der **vom Sprecher/Schreiber (noch) nicht oder nicht exakt/vollständig identifiziert werden kann**. Das Merkmal − IDENTIFIZ S/S setzt − IDENT und + SPEZ voraus: E 3 ♦ 2.

INDIVID: Das Substantiv bezeichnet einen einzelnen oder mehrere einzelne Gegenstände **(Individuen)**, niemals aber die Gesamtheit aller Gegenstände: D 9 ♦ 2.

KATEGORIE: Der Artikel steht als (einziges) Signal oder als (zusätzliche) Verdeutlichung bestimmter Merkmale, die der **Kategorie Substantiv** eigen sind: D 12.

KAUSAL: Der Artikelgebrauch ist an (gewisse) **Kausalkonstruktionen** gebunden: N 19.

KLASSIF: Der Artikel steht vor Substantiven, die eine Gesamtheit (= Klasse) von Gegenständen bezeichnen, in die ein einzelner Gegenstand oder ein gesamter Typ von Gegenständen **klassifizierend eingeordnet** wird: E 7; N 9.

KOMMUNIK: Der Artikelgebrauch ist an bestimmte Bedingungen der (außersprachlichen) **Kommunikationssituation** gebunden: D 3; D 4; D 5; D 6; E 1; N 1; N 2.

KONSTR: Der Artikelgebrauch ist an bestimmte (grammatische) **Konstruktionen** gebunden: D 14; D 15; D 16; E 9; E 10; N 11; N 12; N 13; N 14; N 15; N 16; N 17; N 18; N 19; N 20; N 21; N 22.

KOORDIN: Der Artikelgebrauch ist an die **Koordination** zweier Substantive durch *und* o. ä. gebunden: N 12.

LEXIKAL: Der Artikelgebrauch ist (fest) **lexikalisiert**: D 17; D 18; E 12; N 23; N 24; N 25.

LOK: Der Artikelgebrauch setzt bestimmte örtliche (= **lokale**) **Bedingungen** voraus: D 4.

MASS: Der Artikelgebrauch ist an bestimmte Konstruktionen mit **Maß- oder Mengenangaben** gebunden: D 16; E 10; N 22.

MODAL: Der Artikelgebrauch ist an (gewisse) **Modalkonstruktionen** gebunden: N 18.

NA: Nullartikel/Nullform des Artikels: N 1 bis N 25.

NENNUNG: Der Artikelgebrauch gilt nur für Substantive bei ihrer **bloßen Nennung**, ohne daß sie morphosyntaktisch (voll) in den Satz integriert werden: N 11.

NS: Der Artikelgebrauch setzt voraus, daß beim betreffenden Substantiv ein **Nebensatz** (bestimmter Art) steht: D 13; E 8.

OBJ: Der Artikelgebrauch setzt bestimmte Bedingungen in der **außersprachlichen** (= objektiven) **Realität** voraus: D 1; D 2.

PART: Der Artikelgebrauch ist an **partielle Generalisierungen** gebunden. Das sind Äußerungen, die nur teilweise den Kriterien für Generalisierungen genügen: D 11; E 6; N 8.

PHRASEOLOG: Der Artikelgebrauch ist an bestimmte (Gruppen von) **Phraseologismen** gebunden: D 18; E 12; N 25.

PLURAL: Der Artikelgebrauch setzt ein **Substantiv im Plural** voraus: N 10.

PRÄDIKATIV: Der Artikelgebrauch ist an (gewisse) **Prädikativkonstruktionen** gebunden: N 20.

PRÄINFORM: Der Artikelgebrauch setzt ein bestimmtes **Vorwissen** (= **Präinformation**) beim Hörer/Leser voraus: D 5.

PRÄKONTEXT: Der Artikelgebrauch setzt gewisse Beziehungen zwischen dem betreffenden Satz und dem **vorangegangenen Text** (= **Präkontext**) voraus: D 7; E 2; N 3.

PRÄP: Der Artikelgebrauch ist an das Auftreten bestimmter **Präpositionen** gebunden: N 16; N 24.

PRÄSENT: Das Substantiv bezeichnet einen Gegenstand, der in der betreffenden Kommunikationssituation **tatsächlich vorhanden (= präsent)** ist: D 3.

RELAT: Das Substantiv bezeichnet einen Gegenstand, der in bestimmten **Beziehungen (= Relationen) zu anderen Gegenständen** steht und dadurch das Merkmal + IDENT erhält: D 2.

SIGNAL: Der Artikel ist (einziges)) **Signal** für bestimmte grammatische Merkmale der Kategorie Substantiv: D 12.

SING: Der Artikelgebrauch setzt ein **Substantiv im Singular** voraus: N 10.

SIT: Der Artikelgebrauch ist an bestimmte Voraussetzungen in der **außersprachlichen Situation** gebunden: D 1; D 2; D 3; D 4; D 5; D 6; E 1; N 1; N 2.

SOZIAL: Der Artikelgebrauch setzt bestimmte **sozial determinierte** Kommunikationssituationen voraus: D 6.

+ SPEZ: Das Merkmal SPEZIFIZIERT gilt für Gegenstände, von deren **tatsächlicher und individueller Existenz** der Sprecher weiß, auch wenn er sie nicht eindeutig identifizieren kann oder will. Dem Merkmal + SPEZ kann sowohl + IDENT als auch − IDENT übergeordnet sein: E 1; E 2 ◆ 1; E 3 ◆ 2.

− SPEZ: Das Merkmal UNSPEZIFIZIERT gilt für **(beliebige) Gegenstände**, die zwar über die für ihre Klasse **typischen Eigenschaften** verfügen, von deren tatsächlicher und individueller Existenz der Sprecher aber unter Umständen nichts Genaues weiß. Das Merkmal − SPEZ setzt immer − IDENT voraus: E 1; E 2 ◆ 1; E 3 ◆ 2.

SPEZIELL: 1. Der Artikelgebrauch ist an bestimmte **spezielle Kommunikationssituationen** oder an bestimmte **spezielle Texte** gebunden: N 2; N 4. − 2. Der Artikelgebrauch gilt nicht für die gesamte in der Formel erfaßte Wortart/Konstruktion, sondern nur für **bestimmte (= spezielle) Elemente bzw. Subgruppen:** N 14; N 16; N 17; N 18; N 19; N 20; N 21; N 24.

STOFF: Das Substantiv ist eine **Stoffbezeichnung:** N 1; N 3; N 5.

TEMP: 1. Der Artikelgebrauch setzt bestimmte **zeitliche (= temporale) Bedingungen** voraus: D 4. − 2. Der Artikelgebrauch ist an (gewisse) **Temporalkonstruktionen** gebunden: D 15; N 17.

TEXT: Der Artikelgebrauch gilt für bestimmte **Arten von Texten** (Textsorten): N 4.

TYP: Der Artikelgebrauch ist an **typisierende Generalisie-**

rungen gebunden, in denen ein Substantiv die Gesamtheit der von ihm bezeichenbaren Gegenstände als Typ benennt und sich nicht auf alle Einzelelemente dieses Typs beziehen läßt: D 10; D 11.

uA: unbestimmter Artikel *ein, eine*: E 1 bis E 12; N 10.

UNIK: Das Substantiv bezeichnet einen Gegenstand, der in der objektiven Realität, in der Kommunikationssitation usw. nur in **1 Exemplar** existiert, also ein **Unikum** ist: D 1; D 2; D 3.

VERB: Der Artikelgebrauch ist an das Auftreten bestimmter **Verben** im Satz gebunden: N 14.

Literatur

BRAND, I.: Die Einsetzung des Artikels bei der automatischen Übersetzung aus dem Russischen ins Deutsche. In: Automatische Sprachübersetzung III. Berlin 1976.

FLEISCHER, W.: Zur Funktion des Artikels in der deutschen Sprache der Gegenwart. In: Germanica Wratislaviensia XI. Wrocław 1967.

FRIEDMANN, L.G.: Zum Gebrauch des Artikels im Absatz. In: Deutsch als Fremdsprache 6/1980.

GLADROW, W.: Die Determination des Substantivs im Russischen und Deutschen. Eine konfrontative Studie. Leipzig 1979.

GLINZ, H.: Die innere Form des Deutschen. Eine neue deutsche Grammatik. Bern 1952.

GRIMM, H.-J.: Synonymische Beziehungen zwischen einigen Artikelwörtern der deutschen Sprache. In: Deutsch als Fremdsprache 5/1971.

GRIMM, H.-J.: Einige Vorüberlegungen für eine „konfrontationsfreundliche" Beschreibung des Artikelgebrauchs im Deutschen. In: Deutsch als Fremdsprache 1/1979.

GRIMM, H.-J.: Einige Beobachtungen zum Artikelgebrauch in Zeitungsüberschriften. In: Sprachpflege 9/1981.

GRIMM, H.-J.: Zur Unterscheidung von „ein" als unbestimmtem Artikel und als Numerale. In: Wissenschaftliche Zeitschrift der Karl-Marx-Universität Leipzig. Gesellschafts- und sprachwissenschaftliche Reihe 4/1982.

GRIMM, H.-J.: Einige Ergebnisse und Schlußfolgerungen aus Tests zum deutschen Artikelgebrauch. In: Deutsch als Fremdsprache 3/1985.

GRIMM, H.-J.: Untersuchungen zum Artikelgebrauch im Deutschen. Leipzig 1986.

GRUNDZÜGE EINER DEUTSCHEN GRAMMATIK. Herausgegeben von K. E. HEIDOLPH, W. FLÄMIG, W. MOTSCH. Berlin 1981.

HARTMANN, D.: Über Verschmelzungen von Präposition und bestimmtem Artikel. Untersuchungen zu ihrer Form und Funktion in gesprochenen und geschriebenen Varietäten

226   des heutigen Deutsch. In: Zeitschrift für Dialektologie und Linguistik 2/1980.

HAYAKAWA, T.: Zur Wortstellung im „Nachfeld" unter dem Gesichtspunkt der „Determinationsgradperspektive". In: Doitsu Bungaku – Die deutsche Literatur. Herausgegeben von der Japanischen Gesellschaft für Germanistik. Nr. 57. Tokio 1976.

HEINRICHS, H. M.: Studien zum bestimmten Artikel in den germanischen Sprachen. Gießen 1954.

HODLER, W.: Grundzüge einer germanischen Artikellehre. Heidelberg 1954.

KRÁMSKÝ, J.: The Article and the Concept of Definiteness in Language. The Hague/Paris 1972.

OOMEN, I.: Determination bei generischen, definiten und indefiniten Beschreibungen im Deutschen. Tübingen 1977.

SCHENDELS, E. I.: Der Artikel als Gestaltungsmittel der Polyphonie im Wortkunstwerk. In: Zeitschrift für Germanistik 3/1981.

VATER, H.: Das System der Artikelformen im gegenwärtigen Deutsch. Tübingen 1963.

Sachregister